I0567473

BESTACTIVITYBOOKS.COM

PRIMEIRA EDIÇÃO - 2022

Ilustración gráfica adicional: www.freepik.com
Graças a Alekksall, Starline, Pch.vector, Rawpixel.com, Vectorpocket, Dgim-studio, Upklyak, Macrovector, Stockgiu, Pikisuperstar & Freepik.com Designers

Descobrir Jogos Online Grátis

Disponível Aqui:

BestActivityBooks.com/FREEGAMES

5 DICAS PARA COMEÇAR

1) CÓMO RESOLVER LAS SOPA DE LETRAS

Os puzzles têm um formato clássico:

- As palavras estão escondidas sem espaços ou hífenes,...
- Orientação: As palavras podem ser escritas para a frente, para trás, para cima, para baixo ou na diagonal (podem ser invertidas).
- As palavras podem sobrepor-se ou intersectar-se.

2) APRENDIZAGEM ACTIVA

Ao lado de cada palavra há um espaço para anotar a tradução. Para encorajar a aprendizagem activa, um **DICIONÁRIO** no final desta edição permitir-lhe-á verificar e expandir os seus conhecimentos. Procure e anote as traduções, encontre-as no puzzle e adicione-as ao seu vocabulário!

3) MARCAR AS PALAVRAS

Pode inventar o seu próprio sistema de marcação - talvez já use um? Pode também, por exemplo, marcar palavras difíceis de encontrar com uma cruz, palavras favoritas com uma estrela, palavras novas com um triângulo, palavras raras com um diamante, e assim por diante.

4) ESTRUTURANDO A APRENDIZAGEM

Esta edição oferece um **CADERNO DE NOTAS** prático no final do livro. Nas férias, em viagem ou em casa, pode facilmente organizar os seus novos conhecimentos sem a necessidade de um segundo caderno!

5) JÁ TERMINOU TODAS AS GRELHAS?

Nas últimas páginas deste livro, na secção **DESAFIO FINAL**, encontrará um jogo gratuito!

Rápido e fácil! Consulte a nossa colecção de livros de actividades para o seu próximo momento de diversão e **aprendizagem**, a apenas um clique de distância!

Encontre o seu próximo desafio em:

BestActivityBooks.com/MeuProximoLivro

Aos vossos lugares, preparem-se...Vão!

Sabia que existem cerca de 7.000 línguas diferentes no mundo? As palavras são preciosas.

Adoramos línguas e temos trabalhado arduamente para criar livros da mais alta qualidade para si. Os nossos ingredientes?

Uma selecção de tópicos adequados à aprendizagem, três boas porções de entretenimento, e depois acrescentamos uma colherada de palavras difíceis e uma pitada de palavras raras. Servimo-los com amor e máximo divertimento, para que possa resolver os melhores jogos de palavras e se divirta a aprender!

A sua opinião é essencial. Pode participar activamente no sucesso deste livro, deixando-nos um comentário. Gostaríamos de saber o que mais lhe agradou nesta edição.

Aqui está um link rápido para a sua página de encomendas:

BestBooksActivity.com/Avaliacoes50

Obrigado pela vossa ajuda e divirtam-se!

A Equipa Inteira

1 - Dirigindo

V	P	A	M	O	T	O	R	C	Y	C	L	E	W	H
E	O	C	B	E	O	G	G	S	A	L	U	T	E	M
S	C	C	F	Z	S	G	C	I	E	U	K	I	E	E
T	S	I	R	L	O	C	X	R	M	E	O	H	W	P
I	N	D	R	J	Q	N	A	S	D	T	W	D	D	L
B	A	E	G	A	R	A	G	F	D	U	I	G	D	A
U	T	N	L	I	C	E	N	T	I	A	M	O	S	T
L	O	S	U	V	R	N	S	Y	O	C	E	E	K	E
U	R	L	Z	A	L	E	V	R	N	U	R	M	T	A
M	X	N	O	I	H	A	L	L	U	N	T	O	I	A
C	U	N	I	C	U	L	U	M	J	F	S	T	O	X
W	F	D	O	B	K	C	C	A	L	A	E	O	O	L
L	E	O	D	B	S	K	J	E	N	T	D	R	M	S
N	C	X	C	M	U	L	U	C	I	R	E	P	G	N
M	A	P	A	I	R	X	V	T	R	M	P	S	G	R

ACCIDENS
CAR
ESCA
CAUTE
VIA
DUMETA
GARAGE
VESTIBULUM
LICENTIA
MAP
MOTORCYCLE
MOTOR
PEDESTREM
PERICULUM
AT
PLATEA
SALUTEM
NULLA
AENEAN
CUNICULUM

2 - Antiguidades

C	P	N	R	D	F	V	Y	Q	V	V	C	R	C	K
O	I	A	E	E	R	T	G	S	E	U	E	L	D	Y
N	C	O	S	C	L	F	U	Y	T	O	S	R	Z	N
D	T	Q	T	A	W	Y	A	W	U	B	R	K	A	C
I	U	U	I	D	Y	R	T	N	S	A	C	K	A	M
T	R	A	T	E	Z	E	C	S	A	G	Z	Y	X	E
I	A	L	U	S	E	L	E	N	N	T	F	V	H	T
O	E	I	T	M	M	L	N	A	U	S	I	N	U	I
R	E	T	I	T	E	A	T	G	L	Y	K	C	S	K
V	P	A	O	X	I	G	U	E	L	U	F	A	U	W
E	C	S	N	I	O	C	R	L	A	D	D	H	L	S
Z	Y	L	E	V	C	U	Y	E	M	X	G	C	B	P
R	Z	L	M	I	S	S	I	N	G	I	D	Z	G	I
H	N	M	L	C	S	I	N	S	O	L	I	T	A	B
L	P	R	E	T	I	U	M	Z	V	U	C	L	V	F

ES
VERAM
CONDITIO
NULLAM
DECADES
ELEGANS
FANATICUS
STYLE
GALLERY
INSOLITA
DIGNISSIM
ITEM
COINS
PICTURAE
PRETIUM
QUALITAS
RESTITUTIONEM
CENTURY
VETUS

3 - Churrascos

Q	M	T	P	I	P	E	R	O	X	T	W	F	C	P
X	U	A	P	Y	D	E	C	T	U	O	D	A	N	R
L	M	B	L	U	O	S	K	J	P	M	P	M	I	A
Q	U	U	U	U	L	F	B	W	D	A	L	I	L	N
H	T	L	M	B	C	L	S	J	E	T	O	L	A	D
T	N	A	H	A	N	I	U	L	P	O	Z	I	T	I
I	E	S	J	N	X	T	T	M	T	E	Y	A	M	U
A	M	I	C	I	S	N	C	A	E	S	L	P	U	M
N	I	O	Z	M	S	E	U	A	R	C	U	H	S	R
A	D	D	E	U	R	T	R	A	G	C	D	B	I	Q
V	N	T	I	G	O	O	F	I	O	H	O	R	C	S
Z	O	I	K	E	M	P	C	Z	W	J	S	K	A	A
Z	C	X	C	L	O	X	E	F	I	L	I	I	V	L
A	E	S	T	A	T	E	P	L	T	G	F	N	J	W
C	A	L	I	D	U	M	E	F	A	M	E	S	L	Z

AMICIS
CEPE
FILII
FAMILIA
FAMES
PULLUM
FRUCTUS
CRATICULAM
PRANDIUM
LUDOS
LEGUMINA
CONDIMENTUM
MUSICA
PIPER
CALIDUM
SAL
POTENTI
TABULAS
TOMATOES
AESTATE

4 - Pesca

T	M	J	V	F	W	R	A	F	P	Y	C	T	N	E
J	A	J	G	E	C	V	F	I	U	O	Z	O	A	S
B	X	A	S	Y	B	Q	L	L	H	O	N	N	V	C
L	I	B	E	A	C	H	U	U	S	H	S	D	I	A
M	L	F	U	Y	J	F	M	M	N	Z	A	W	U	J
F	L	A	Q	U	A	B	E	B	J	W	S	M	B	S
A	A	O	O	P	O	D	N	E	G	U	A	H	O	U
H	P	I	C	C	A	N	I	S	T	R	U	M	O	C
H	F	P	T	E	M	P	O	R	U	M	N	N	C	A
S	I	Z	A	I	T	N	E	I	T	A	P	M	E	L
B	F	B	Q	R	F	Q	C	Z	Q	P	K	V	A	P
I	E	Z	L	A	A	F	U	Q	A	Y	F	B	N	C
W	A	U	H	G	L	T	A	D	I	A	A	A	U	C
S	O	B	H	A	F	X	U	G	L	P	H	I	M	O
B	R	A	N	C	H	I	A	S	L	U	V	Q	W	W

AQUA
NAVI
BRANCHIAS
CANISTRUM
COQUES
APPARATU
AUGENDO
FILUM
HAMO
ESCA
LACUS
MAXILLA
OCEANUM
PATIENTIA
PONDUS
BEACH
FLUMEN
TEMPORUM

5 - Geologia

L	N	C	S	Q	U	A	R	T	Z	W	T	A	Q	P
X	Y	O	P	B	U	N	T	F	B	J	E	I	Z	L
W	L	R	L	Z	O	Z	L	A	V	A	R	N	A	A
L	L	A	S	E	X	E	Y	N	S	K	R	J	D	T
T	S	L	S	E	T	I	M	G	A	L	A	T	S	E
S	F	C	L	I	S	P	U	O	E	J	E	S	U	A
T	O	O	A	X	A	O	I	Y	Y	R	M	T	C	U
O	S	N	T	Z	C	B	C	M	V	I	O	A	E	A
N	S	T	S	W	C	V	L	G	I	N	T	L	P	V
E	I	I	Y	F	U	Y	A	B	H	J	U	A	S	O
U	L	N	R	E	M	I	C	G	J	Z	S	C	K	L
K	E	E	C	U	S	A	C	I	D	U	M	T	V	C
K	F	N	G	H	A	S	Z	T	U	X	E	I	D	A
D	Q	S	C	G	N	M	W	Y	U	C	Q	T	M	N
M	I	N	E	R	A	L	I	B	U	S	G	E	N	O

ACIDUM
ACCUMSAN
SPECUS
CALCIUM
CONTINENS
CORAL
CRYSTALS
EXESA
STALACTITE
STALAGMITES
FOSSILE
LAVA
MINERALIBUS
STONE
PLATEAU
QUARTZ
SAL
TERRAEMOTUS
VOLCANO
MAURIS

6 - Ética

M	R	R	A	H	T	O	L	E	R	A	N	T	I	A
I	E	E	L	O	L	C	T	P	S	G	P	J	I	Q
S	V	A	T	N	K	O	J	S	I	T	R	P	K	R
E	E	L	R	E	B	O	X	K	T	B	H	N	F	R
R	R	I	U	S	B	P	S	V	A	U	P	V	J	G
I	E	S	I	T	M	E	T	A	T	I	N	G	I	D
C	N	M	S	A	R	R	M	K	I	V	Y	D	Y	L
O	T	U	M	T	T	A	I	T	N	E	I	T	A	P
R	I	S	Y	I	O	T	R	P	A	T	P	B	Q	F
D	O	T	M	S	Z	I	I	N	M	Y	Z	C	U	A
I	R	E	M	F	M	O	K	C	U	X	L	F	I	J
A	P	H	I	L	O	S	O	P	H	I	A	Y	S	B
S	A	P	I	E	N	T	I	A	W	E	S	Y	Q	O
M	I	S	E	R	I	C	O	R	D	I	A	M	U	N
E	D	I	P	L	O	M	A	T	I	C	A	E	E	A

ALTRUISM
MISERICORDIAM
MISERICORDIA
COOPERATIO
DIGNITATEM
DIPLOMATICAE
PHILOSOPHIA
HONESTATIS
HUMANITATIS
QUISQUE
SPE
PATIENTIA
REALISMUS
REVERENTIOR
SAPIENTIA
TOLERANTIA
BONA

7 - Tempo

A	I	K	E	M	H	E	Q	H	Q	H	V	E	D	Z
A	N	I	S	I	O	L	P	O	I	L	W	X	H	R
W	D	T	N	N	R	G	B	D	A	N	N	U	A	A
D	N	A	E	U	O	Y	S	I	F	S	W	Y	A	Q
E	N	A	M	T	L	I	C	E	O	K	L	U	E	R
C	I	C	U	I	O	S	E	P	T	I	M	A	N	A
E	A	D	R	S	G	N	G	W	S	Y	R	G	U	D
N	N	B	U	F	I	O	B	J	G	K	G	E	A	N
N	N	D	T	V	U	C	N	U	N	L	N	B	H	E
I	O	T	U	Q	M	T	X	T	R	L	F	A	S	L
U	X	I	F	O	X	E	G	P	Z	X	F	U	H	A
M	P	R	A	E	T	E	R	I	T	U	M	H	U	C
Z	H	T	L	C	E	N	T	U	R	Y	M	T	T	U
M	E	R	I	D	I	E	S	U	E	Y	Q	R	E	F
H	O	R	A	J	W	K	X	U	P	C	G	Q	F	C

NUNC
ANNO
ANTE
ANNUA
CALENDAR
DECENNIUM
DIE
FUTURUM
HODIE
HORA
MANE
MERIDIES
MENSE
MINUTIS
NOCTE
HERI
PRAETERITUM
HOROLOGIUM
SEPTIMANA
CENTURY

8 - Astronomia

U	P	T	V	L	R	S	O	M	S	O	C	V	P	A
N	F	E	Q	H	Y	A	O	Y	I	J	D	X	L	E
E	S	R	K	G	U	L	D	L	S	I	Y	I	A	Q
E	B	R	Q	U	Z	U	C	I	A	Z	A	I	N	U
U	N	A	H	R	L	B	I	O	A	R	U	P	E	I
T	D	G	M	U	L	E	A	C	E	L	I	E	T	N
A	P	K	C	X	Y	N	W	T	X	E	I	S	A	O
C	S	M	E	T	E	O	R	O	N	K	S	S	V	C
U	P	T	A	S	T	R	O	L	O	G	U	S	O	T
R	W	W	R	L	U	N	A	V	M	Q	D	M	N	I
E	Y	Y	A	O	E	C	L	I	P	S	I	S	R	U
N	O	M	C	W	N	P	N	Z	V	A	S	E	E	M
D	Z	H	S	I	T	A	T	I	V	A	R	G	P	S
F	W	R	T	C	A	Q	U	T	F	Q	E	S	U	P
I	M	E	D	I	O	R	E	T	S	A	F	Q	S	K

ASTEROIDEM
ASTRONAUT
ASTROLOGUS
CAELUM
SIDUS
COSMOS
ECLIPSIS
AEQUINOCTIUM
ERUCA
GRAVITATIS
LUNA
METEORON
NEBULA
PLANETA
RADIALIS
SOLARIS
SUPERNOVA
TERRA

9 - Acampamento

R	C	A	M	E	R	A	M	E	T	N	O	M	I	R
B	Y	R	E	Z	U	V	S	R	G	L	T	X	N	T
L	L	J	N	K	Y	O	E	L	V	R	B	T	S	U
K	I	S	U	C	A	L	R	C	A	S	U	S	E	F
E	N	I	F	O	M	H	O	I	D	I	N	J	C	A
A	T	L	O	M	I	A	B	P	G	L	S	H	T	P
A	E	V	L	M	C	W	R	E	J	N	Y	A	V	P
A	R	A	Z	A	E	M	A	P	X	U	I	T	J	A
R	N	B	H	H	D	A	A	X	L	P	I	S	R	R
U	L	I	R	N	V	C	T	I	S	H	T	K	C	A
T	B	U	M	U	L	U	C	A	N	R	E	B	A	T
A	G	Q	N	A	O	Z	B	Y	J	S	X	V	C	U
N	F	D	F	A	L	V	E	N	A	T	I	O	N	E
V	M	J	S	Y	U	I	M	C	Z	K	K	J	S	B
Q	R	Y	O	H	T	O	A	Q	J	A	A	N	K	W

ANIMALIA
CASUS
ARBORES
DECIMA
CAMERAM
VENATIONE
LINTER
HAT
FUNEM
APPARATU

SILVA
IGNIS
INSECT
LACUS
LUNA
HAMMOCK
MAP
MONTEM
NATURA
TABERNACULUM

10 - Ficção Científica

N	P	L	S	M	G	X	Z	H	I	D	Y	N	U	K
U	L	P	U	U	A	A	M	E	R	T	X	E	Q	P
L	A	R	C	N	S	G	L	Z	A	L	Z	D	G	I
L	N	B	I	A	A	P	K	A	U	T	O	P	I	A
A	E	M	M	C	R	K	E	K	X	X	G	G	H	Y
D	T	V	O	R	P	S	I	N	G	I	D	N	U	M
Y	A	X	T	A	N	Y	Y	F	D	Z	A	G	M	O
S	D	S	A	M	I	T	N	S	I	I	C	R	J	R
T	Q	I	C	R	E	P	I	T	U	S	S	K	S	A
O	N	P	S	I	L	L	U	S	I	O	S	S	V	C
P	X	C	I	T	S	I	R	U	T	U	F	J	E	U
I	F	Y	N	L	A	K	G	C	O	K	N	T	Q	L
A	G	D	N	F	R	N	S	I	S	N	V	P	M	U
G	S	A	L	M	J	V	T	R	C	I	X	H	X	M
I	M	A	G	I	N	A	R	I	A	T	P	P	E	A

ATOMICUS
DISTANT
DYSTOPIA
CREPITUS
EXTREMA
SUSPENDISSE
IGNIS
FUTURISTIC
GALAXIA
ILLUSIO
IMAGINARIA
ARCANUM
MUNDI
ORACULUM
PLANETA
NULLA
UTOPIA

11 - Mitologia

F	V	U	Z	A	R	C	H	E	T	Y	P	U	M	B
C	O	D	S	E	N	O	I	N	I	P	O	N	E	E
A	H	R	V	M	L	C	R	E	A	T	U	R	A	L
E	E	M	T	D	S	U	B	I	R	O	M	C	U	L
L	R	O	C	I	E	E	S	D	Q	M	S	Y	O	A
U	O	R	U	C	T	T	O	N	I	T	R	U	A	T
M	S	T	L	L	N	U	Y	T	S	I	X	O	M	O
U	Z	A	T	A	A	A	D	N	E	G	E	L	A	R
F	K	L	U	D	H	N	O	O	C	V	J	J	G	B
H	U	E	R	I	P	T	U	H	D	K	B	U	I	H
G	Q	L	A	S	M	U	R	T	S	N	O	M	C	Z
Z	K	K	G	S	U	H	T	N	I	R	Y	B	A	L
N	J	E	C	U	I	U	T	J	E	C	N	L	L	A
W	N	Z	F	U	R	V	Z	W	I	N	B	M	I	H
U	K	M	M	A	T	C	I	D	N	I	V	D	S	B

ARCHETYPUM
CAELUM
ZELUS
MORIBUS
OPINIONES
CREATURA
CULTURA
CLADIS
FORTITUDO
BELLATOR
HEROS
LABYRINTHUS
LEGEND
MAGICALIS
MONSTRUM
MORTALE
FULGUR
TRIUMPHANTES
TONITRUA
VINDICTAM

12 - Medições

L	X	K	P	F	U	M	G	X	V	E	G	N	D	L
A	M	A	I	C	N	U	E	V	W	B	I	L	E	O
T	U	A	Y	L	M	T	S	T	M	B	P	N	C	N
I	D	L	P	E	O	E	O	I	R	G	S	P	I	G
T	N	T	H	M	K	G	N	N	Y	I	H	C	M	I
U	U	I	G	H	B	K	R	E	T	I	L	M	A	T
D	F	T	P	Y	M	I	E	A	L	J	L	I	L	U
O	O	U	N	B	K	L	T	Z	M	H	Q	N	E	D
L	R	D	C	H	M	O	E	N	A	A	U	U	S	O
O	P	O	U	S	H	M	M	F	R	I	G	T	A	C
P	O	N	D	U	S	E	I	D	G	F	R	I	M	V
S	L	Y	U	J	F	T	T	O	T	K	A	S	A	A
W	N	W	R	C	B	E	N	C	D	Z	D	D	S	C
I	N	C	H	C	I	R	E	T	Y	B	U	L	S	L
E	U	D	O	F	R	J	C	Y	W	B	S	I	A	F

ALTITUDO
BYTE
CENTIMETER
LONGITUDO
DECIMALES
GRAM
GRADUS
LATITUDO
LITER
MASSA
METRI
MINUTIS
UNCIAM
PONDUS
INCH
PROFUNDUM
KILOGRAM
KILOMETER
TON

13 - Álgebra

D	S	B	B	O	I	T	S	E	A	U	Q	O	X	S
M	S	G	T	O	I	T	A	U	Q	E	A	O	K	O
M	O	W	V	Q	M	Y	O	T	M	U	S	L	A	F
V	A	R	I	A	B	I	L	I	S	M	E	U	U	P
O	V	S	I	S	E	H	T	N	E	R	A	P	H	O
I	T	P	N	F	A	V	S	Y	M	Y	R	L	P	G
T	N	O	I	T	C	A	R	T	B	U	S	G	Y	H
C	E	F	N	G	T	E	S	S	M	A	T	R	I	X
A	N	T	I	N	S	A	L	U	M	R	O	F	U	N
R	O	T	H	N	L	Q	L	R	N	U	L	L	A	D
F	P	S	U	B	I	R	A	E	N	I	L	Y	C	T
Q	X	E	G	U	I	T	R	M	A	R	G	A	I	D
G	E	X	H	T	N	M	A	U	Q	I	L	A	G	P
S	O	L	U	T	I	O	H	N	F	A	C	T	O	R
Q	U	A	N	T	I	T	A	S	A	C	W	D	T	Z

DIAGRAM
AEQUATIO
EXPONENT
FALSUM
FACTOR
FORMULA
FRACTIO
INFINITA
LINEARIBUS
MATRIX
NUMERUS
PARENTHESIS
QUAESTIO
QUANTITAS
ALIQUAM
SOLUTIO
SUMMA
SUBTRACTION
VARIABILIS
NULLA

14 - Plantas

W	D	B	H	S	U	B	L	A	F	O	L	I	U	M
H	U	F	R	E	B	E	R	R	Y	T	H	V	E	K
Y	T	E	K	H	D	C	A	X	X	E	I	M	V	N
M	U	S	C	U	S	E	E	O	S	Z	U	N	O	S
X	F	V	K	H	R	B	R	A	Y	W	Z	W	Y	T
N	R	I	B	E	M	N	B	A	V	L	I	S	F	E
L	O	R	Q	T	U	L	I	X	N	O	K	X	L	R
B	N	E	T	U	R	T	J	U	X	O	Y	U	O	C
A	D	N	A	B	O	T	A	N	I	C	A	M	S	O
M	E	T	R	I	L	U	B	Y	D	M	R	Q	U	R
B	C	I	B	T	A	F	R	F	A	N	O	R	T	A
O	W	A	O	Y	T	T	E	W	R	H	L	Y	R	T
O	R	M	R	T	E	A	H	Z	S	L	F	G	O	W
B	E	A	N	Y	P	C	A	C	T	U	S	N	H	J
T	H	Q	P	L	O	Y	J	W	A	C	S	E	W	A

BUSH
ARBOR
BERRY
BAMBOO
BOTANICAM
CACTUS
BEAN
STERCORAT
FLOS
FLORA
SILVA
FOLIUM
FRONDE
HERBA
HEDERA
HORTUS
MUSCUS
PETALORUM
RADIX
VIRENTIA

15 - Engenharia

B	E	N	G	G	S	F	Q	U	O	F	A	G	A	C
V	S	Z	A	R	O	T	O	M	A	I	D	P	N	A
W	G	J	W	G	X	Y	R	R	F	L	V	N	G	L
D	I	A	G	R	A	M	R	U	T	H	M	C	U	C
V	T	X	M	Z	F	Z	D	Y	C	I	N	W	L	U
V	E	S	T	I	B	U	L	U	M	T	T	Z	U	L
D	I	M	E	N	S	I	O	N	E	S	U	U	S	U
I	X	A	U	H	P	Y	J	M	H	D	Z	R	D	S
U	M	U	D	N	U	F	O	R	P	D	A	W	A	O
Q	H	Q	P	E	L	L	E	N	T	E	S	Q	U	E
I	D	I	V	E	C	T	I	U	M	E	W	I	L	S
L	B	L	A	P	P	A	R	A	T	U	S	H	X	Z
W	G	A	D	I	S	T	R	I	B	U	T	I	O	A
N	C	O	N	S	T	R	U	C	T	I	O	N	E	G
S	T	A	B	I	L	I	T	A	T	E	M	A	Q	Z

VECTIUM
ANGULUS
CALCULUS
CONSTRUCTIONE
DIAGRAM
DIAM
PELLENTESQUE
DIMENSIONES
DISTRIBUTIO
AXIS

VESTIBULUM
STABILITATEM
STRUCTURA
FORTITUDO
LIQUID
APPARATUS
ALIQUAM
MOTOR
PROFUNDUM

16 - Países #2

A	H	A	I	T	I	A	A	I	L	A	M	O	S	Q
I	L	N	C	S	M	K	E	N	I	O	O	M	C	Q
N	N	B	C	A	Y	J	T	X	B	C	L	F	X	P
D	K	E	A	D	F	W	H	U	A	I	S	S	U	R
O	H	L	P	N	O	U	I	C	N	X	G	X	V	M
N	A	U	D	A	I	R	O	J	U	E	T	W	R	U
E	R	E	B	G	L	A	P	A	S	M	U	X	N	H
S	P	S	R	U	L	T	I	P	M	T	I	Q	G	I
I	B	W	Y	K	Y	O	A	A	I	M	G	G	N	B
A	M	C	N	R	L	S	P	N	S	Y	D	C	M	E
U	S	Z	K	Y	I	O	U	C	R	A	I	N	A	R
K	R	X	P	N	E	A	I	N	A	D	D	S	E	N
Y	X	E	H	G	A	L	L	I	A	C	C	E	Y	I
B	I	T	H	M	J	A	M	A	I	C	A	T	W	A
G	R	A	E	C	I	A	N	I	G	E	R	I	A	B

ALBANIA
DANIAE
AETHIOPIA
GALLIA
GRAECIA
HAITIA
INDONESIA
HIBERNIA
JAMAICA
JAPAN
LAOS
LIBANUS
MEXICO
NEPAL
NIGERIA
RUSSIA
SYRIA
SOMALIA
UCRAINA
UGANDA

17 - Material de Arte

E	P	D	W	S	E	N	O	B	R	A	C	N	E	L
D	E	C	O	R	I	D	E	T	L	Y	U	X	G	F
T	N	O	R	N	D	O	L	B	I	U	M	L	Q	H
Y	I	Z	O	T	E	N	E	A	T	U	T	V	B	I
M	C	M	L	M	D	C	D	C	X	I	M	U	F	N
S	I	C	E	D	N	Q	G	H	W	O	L	S	M	G
N	L	A	U	M	U	I	R	A	S	S	O	L	G	O
K	L	M	M	W	V	V	A	R	D	E	H	T	A	C
Y	I	E	M	G	Z	J	I	T	H	R	B	K	M	C
S	H	R	B	G	H	H	E	A	U	Q	A	M	A	O
O	Q	A	W	A	T	E	R	C	O	L	O	R	S	L
P	E	R	T	E	R	G	E	T	E	Q	E	A	N	O
G	L	U	T	E	N	W	I	X	U	R	G	P	E	R
A	T	R	A	M	E	N	T	U	M	N	Q	V	M	E
V	N	D	J	D	C	T	O	Z	Z	Q	Q	P	K	S

DONEC
DELEO
WATERCOLORS
LUTUM
AQUA
CATHEDRA
CARBONES
OTIUM
CAMERA
GLUTEN
COLORES
GLOSSARIUM
PERTERGET
PENICILLI
MENSAM
OLEUM
CHARTA
ATRAMENTUM

18 - Números

M	V	J	T	S	B	T	F	M	O	U	S	Q	T	U
R	V	C	E	D	R	Z	V	B	V	S	E	U	R	N
O	O	S	V	Q	W	X	K	F	W	K	D	A	E	U
D	U	O	D	E	C	I	M	D	U	O	E	T	D	M
Q	A	I	T	N	I	G	I	V	C	S	C	T	E	I
U	E	C	L	C	D	I	F	U	M	E	I	U	C	C
I	F	Z	L	Z	O	E	B	N	S	P	M	O	I	E
N	S	T	J	F	O	T	C	O	K	T	E	R	M	D
Q	T	N	U	L	L	A	E	I	V	E	V	O	U	N
U	Q	R	Y	P	A	O	A	M	M	M	O	Q	M	I
E	P	X	E	S	G	V	Z	Z	E	A	N	P	Z	U
F	F	R	E	S	N	S	Y	R	W	C	L	E	Q	Q
S	E	P	T	E	M	D	E	C	I	M	E	E	G	P
Z	I	A	M	Y	J	M	N	G	F	E	M	D	S	T
K	B	N	T	D	E	C	E	M	N	R	Q	I	A	A

QUINQUE
DECIMALES
DECEM
SEDECIM
SEPTEMDECIM
DECEM ET OCTO
DUO
DUODECIM
NOVEM
OCTO
QUATTUOR
QUINDECIM
SEX
SEPTEM
TREDECIM
TRES
UNUM
VIGINTI
NULLA

19 - Física

F	M	G	C	O	M	P	A	R	A	T	I	O	N	E
R	A	N	R	P	A	R	T	I	C	U	L	A	O	T
E	G	M	U	A	L	U	M	R	O	F	T	M	I	Z
Q	N	O	S	C	V	C	F	Z	N	X	Y	E	T	Y
U	E	L	A	B	L	I	V	P	U	E	E	G	A	B
E	T	E	T	Z	C	E	T	J	Q	U	S	G	R	X
N	I	C	I	G	T	K	A	A	F	V	N	B	E	Y
C	S	U	S	O	A	H	C	R	T	R	P	V	L	T
Y	M	L	N	E	M	U	L	U	B	I	T	S	E	V
N	I	O	E	L	E	C	T	R	O	N	S	U	C	K
W	Z	E	D	M	A	S	S	A	W	M	O	M	C	V
S	E	D	M	K	A	T	O	M	P	R	N	Y	A	B
U	N	I	V	E	R	S	A	L	I	S	R	R	J	B
W	S	M	E	C	H	A	N	I	C	A	W	O	J	N
Z	X	A	O	L	E	T	E	N	G	I	N	E	J	M

ACCELERATIO
ATOM
CHAOS
DENSITAS
ELECTRON
FORMULA
FREQUENCY
VESTIBULUM
GRAVITATIS
MAGNETISMI
MASSA
MECHANICA
MOLECULO
ENGINE
NUCLEAR
PARTICULA
EGET
COMPARATIONE
UNIVERSALIS

20 - Especiarias

Y	X	M	E	R	O	P	A	S	U	C	O	R	C	K
Y	M	M	U	M	O	M	A	E	L	F	X	E	A	C
B	A	W	X	G	G	Y	P	P	J	C	N	H	Y	P
F	M	Z	Y	J	G	F	E	Y	R	R	U	C	J	S
L	U	N	J	X	E	B	C	B	E	I	E	T	L	M
A	C	I	D	U	M	V	T	J	P	W	K	J	I	K
R	A	L	G	U	T	B	A	J	I	Q	T	A	I	A
A	N	U	P	I	U	M	B	N	P	M	D	Z	R	L
M	E	C	E	Y	N	Y	U	S	I	C	L	U	D	L
A	T	I	O	F	U	G	D	D	W	L	X	J	N	I
I	H	N	P	W	I	T	I	X	V	A	L	J	A	U
U	U	E	F	R	N	T	Z	B	P	S	O	A	I	M
W	M	A	C	T	H	O	B	Z	E	O	M	J	R	W
C	U	F	L	G	Q	V	Y	Q	O	R	I	N	O	L
L	I	Q	U	I	R	I	T	I	A	E	Z	Q	C	V

CROCUS
LIQUIRITIAE
ALLIUM
AMARA
ANETHUM
ACIDUM
VANILLA
AMOMUM
CURRY
CEPA
CORIANDRI
DULCIS
FAENICULI
GINGIBER
NUTMEG
PAPRIKA
PIPER
SAPOREM
SAL

21 - Países #1

B	S	P	C	G	E	R	M	A	N	I	A	B	D	P
O	E	O	A	U	G	A	R	A	C	I	N	R	X	A
Q	N	E	M	D	K	F	J	I	J	B	Y	A	D	N
N	E	Z	B	E	A	E	I	D	E	X	X	Z	B	A
Q	G	O	O	T	J	N	L	N	I	D	L	I	N	M
S	A	T	D	D	C	B	A	I	L	T	E	L	O	A
C	L	P	I	L	S	L	Y	C	Y	A	S	E	R	I
H	I	Y	A	E	Z	P	L	C	Q	F	N	L	W	N
I	A	G	N	H	X	L	F	U	Z	F	U	D	A	O
L	R	E	Y	A	M	A	L	I	V	I	C	N	Y	L
E	X	A	I	R	O	T	A	U	Q	E	A	A	F	O
S	E	B	Q	S	V	E	N	E	T	I	O	L	A	P
M	A	U	R	I	T	A	N	I	A	C	N	N	G	U
E	Q	D	G	R	N	Q	Z	X	B	B	Y	G	M	R
I	T	A	L	I	A	I	N	A	P	S	I	H	B	Z

GERMANIA
BRAZIL
CAMBODIA
CANADA
AEGYPTO
AEQUATORIA
HISPANIA
FINLAND
IRAQ
ISRAHEL
ITALIA
INDIA
MALI
MAURITANIA
NICARAGUA
NORWAY
PANAMA
POLONIA
SENEGALIA
VENETIOLA

22 - Casa

G	J	Q	H	B	O	F	O	C	O	N	O	N	B	J
P	Y	C	Q	Z	S	U	T	R	O	H	M	Q	K	C
M	S	J	F	M	T	T	E	E	W	C	U	D	S	V
S	E	P	E	M	I	X	K	B	P	E	L	L	E	S
U	L	V	I	J	U	T	L	M	L	E	U	F	G	J
C	B	A	E	J	M	R	V	I	D	F	C	R	E	G
O	I	I	V	S	Q	O	U	F	L	G	E	T	N	A
L	X	R	P	G	T	T	F	M	E	K	P	A	I	R
C	L	A	V	E	S	I	L	S	C	T	S	T	S	A
Y	K	E	Y	J	Y	N	B	I	E	Q	D	T	T	G
M	I	U	W	V	D	P	V	U	B	W	J	I	A	E
P	P	Q	B	A	L	N	E	O	L	R	Z	C	E	M
V	C	A	R	T	S	E	N	E	F	U	A	A	C	G
V	O	L	P	U	S	P	X	G	V	S	M	R	M	L
X	L	F	T	C	A	M	I	N	O	B	R	Z	Y	J

BALNEO
LIBRARY
SEPEM
CAMINO
CLAVES
IMBER
PELLES
VESTIBULUM
SPECULUM
GARAGE
FENESTRA
HORTUS
FOCO
MURUM
OSTIUM
LOCUS
ATTICA
LAQUEARIA
GENISTAE

23 - Vegetais

F	B	S	B	N	L	W	X	T	G	G	U	J	F	O
E	R	G	W	D	A	A	M	U	I	L	L	A	S	L
I	A	T	U	H	M	M	R	H	N	S	W	A	A	X
R	S	E	A	A	B	J	Q	K	G	V	S	Q	D	O
A	S	T	O	L	L	A	H	S	I	M	U	C	U	C
P	I	N	C	U	D	G	Y	Q	B	U	T	Y	C	E
A	C	A	E	C	X	A	E	A	E	S	C	S	U	I
G	A	L	P	I	S	O	U	N	R	I	A	Q	C	T
R	W	P	A	D	Y	G	P	C	T	P	C	V	U	N
P	J	G	F	A	N	A	G	S	U	E	Q	L	R	N
P	G	G	D	R	M	E	S	Y	G	S	M	Q	B	H
A	H	E	N	F	U	N	G	O	R	U	M	A	I	F
N	X	G	K	Y	I	S	P	I	N	A	C	H	T	U
Y	F	C	O	C	P	A	L	G	A	O	V	C	A	Y
U	E	S	F	U	A	J	O	V	D	I	S	V	S	U

CUCURBITA
APIUM
CACTUS
ALGA
ALLIUM
EGGPLANT
ALGENTEM
CEPA
DAUCUS
SHALLOT

FUNGORUM
BRASSICA
PISUM
SPINACH
GINGIBER
RAPA
CUCUMIS
RADICULA
SEM

24 - Balé

A	C	I	S	U	M	P	W	M	B	D	P	U	S	R
U	R	A	Q	N	U	F	G	E	P	J	Q	D	A	A
D	G	R	A	U	R	C	W	D	C	M	C	R	L	V
I	Y	I	E	S	O	A	H	M	H	K	B	Y	T	M
T	E	H	D	U	C	R	H	U	T	S	E	G	A	U
O	X	C	P	Z	E	C	B	D	A	E	L	Y	T	S
R	P	O	E	A	D	O	J	N	S	O	L	O	O	C
E	R	M	K	A	R	T	S	E	H	C	R	O	R	U
S	E	P	G	D	O	G	Q	S	I	L	W	R	E	L
L	S	O	X	Z	U	T	O	N	O	Z	M	E	S	I
D	S	S	T	X	A	R	T	E	O	Y	Y	M	T	X
Z	I	I	X	I	R	Z	E	C	R	W	R	U	Y	P
H	V	T	V	T	Z	G	J	E	I	O	U	N	E	Z
W	U	O	T	I	L	A	Q	R	O	Y	H	P	Z	W
B	M	R	U	A	R	T	I	S	A	R	S	C	X	O

ARTIS
COMPOSITOR
CHOREOGRAPHY
SALTATORES
RECENSENDUM
STYLE
EXPRESSIVUM
GESTU
DECORUM
ARTE
MUSCULI
MUSICA
ORCHESTRA
USU
AUDITORES
NUMERO
SOLO
ARS

25 - Adjetivos #1

H	G	T	L	T	A	Z	L	E	K	T	V	P	K	A
Z	U	R	I	U	L	C	C	L	W	H	A	E	N	M
T	E	M	A	Y	A	M	A	G	N	A	R	R	Q	B
K	A	T	M	V	Y	R	P	P	R	A	O	F	I	I
P	F	R	E	C	I	T	O	X	E	B	M	E	N	T
S	P	Q	D	N	I	S	G	Y	D	S	A	C	I	I
U	X	R	I	U	E	L	X	S	O	O	T	T	B	O
M	Y	X	O	L	S	B	D	R	M	L	I	U	H	S
I	N	G	E	N	S	W	R	D	O	U	C	M	L	A
X	S	A	R	T	I	S	A	I	V	T	U	U	N	T
A	E	E	M	C	I	D	P	I	S	A	M	N	I	Z
M	L	I	B	E	R	A	L	I	S	H	E	A	Q	O
R	A	V	P	R	E	T	I	O	S	U	M	C	V	S
Z	R	D	M	T	E	N	U	I	S	M	A	R	D	Z
Z	S	G	P	C	Q	P	D	U	J	R	K	A	K	N

ABSOLUTA
AMBITIOSA
AROMATICUM
ARTIS
NIBH
INGENS
TENEBRIS
EXOTIC
TENUIS
LIBERALIS
MAGNA
AMET
IDEM
MAXIMUS
TARDUS
ARCANUM
MODERN
PERFECTUM
GRAVIS
PRETIOSUM

26 - Insetos

D	G	A	M	G	A	N	T	U	G	B	J	H	C	B
E	G	H	A	I	R	V	E	R	M	I	S	D	K	A
I	A	Z	N	E	O	I	L	I	P	A	P	S	A	W
A	Z	J	T	R	O	Y	L	F	N	O	G	A	R	D
D	P	W	I	C	A	E	G	L	O	X	Y	X	D	T
A	F	H	S	I	P	A	E	K	U	A	B	G	C	E
C	C	O	I	B	E	E	T	L	E	S	O	L	N	R
I	A	I	L	D	Z	B	L	K	A	U	G	Q	X	M
C	E	V	V	J	T	H	B	D	P	R	L	Q	K	I
G	Q	X	L	M	T	R	L	M	L	E	A	W	Q	T
T	I	N	E	A	T	J	A	D	C	T	D	J	C	E
K	N	P	R	L	X	W	T	I	D	U	Y	E	M	T
B	W	G	G	K	U	G	T	B	H	N	B	A	G	K
C	L	B	K	Z	Q	C	A	H	T	K	U	Z	C	F
O	A	H	J	K	D	Q	M	C	B	I	G	K	E	E

APIS
BLATTAM
BEETLE
PAPILIO
CICADA
TERMITE
ANT
GRILLUS
LADYBUG
UTERUS
DRAGONFLY
MANTIS
TINEA
VERMIS
CULEX
APHID
WASP

27 - Psicologia

C	O	N	S	C	I	E	N	T	I	A	M	H	M	A
T	A	X	A	T	I	O	N	E	M	B	X	Y	O	P
E	X	P	E	R	I	T	U	R	C	D	W	M	R	P
Y	R	S	E	N	S	U	M	B	I	S	S	F	I	O
I	E	W	V	V	A	I	T	I	R	E	U	P	B	I
S	O	V	P	B	Q	B	O	G	E	O	O	F	U	N
U	V	C	V	X	P	O	I	R	A	Y	I	Q	S	T
T	P	Y	M	R	X	K	T	R	O	N	C	U	E	M
C	O	G	I	T	A	T	I	O	N	E	S	A	A	E
E	J	R	S	V	U	D	N	N	A	M	N	E	X	N
F	M	U	E	O	O	O	G	S	H	A	O	S	A	T
F	L	C	S	B	M	S	O	B	H	T	C	T	O	K
A	B	S	E	T	R	N	C	D	H	R	B	I	J	D
H	M	N	V	P	O	U	I	O	U	E	U	O	R	B
Q	F	W	F	B	L	U	E	A	W	C	S	B	J	A

TAXATIONEM
FUSCE
COGNITIO
MORIBUS
APPOINTMENT
CERTAMEN
EGO
AFFECTUS
EXPERITUR
CONSCIENTIAM
PUERITIA
COGITATIONES
QUAESTIO
RE
SENSUM
SOMNIA
SUBCONSCIOUS
JUSTO

28 - Paisagens

C	O	N	V	A	L	L	I	S	F	E	C	I	B	O
V	O	A	W	X	M	A	R	E	R	L	L	I	H	G
O	G	Y	E	D	E	S	E	R	T	O	U	I	U	C
L	P	I	B	J	B	S	I	S	A	O	W	M	M	C
C	Z	C	D	B	G	U	Q	W	M	T	Q	U	E	H
A	V	E	H	U	A	L	U	S	N	I	S	A	T	N
N	P	B	C	T	E	A	A	R	D	N	U	T	N	P
O	G	E	A	A	Y	P	L	C	H	C	C	C	O	N
N	U	R	E	D	V	M	U	N	I	S	A	A	M	T
V	U	G	B	X	O	E	S	K	A	E	L	R	L	M
O	C	E	A	N	U	M	N	Z	I	S	R	A	H	H
T	D	Q	D	T	O	R	I	J	K	N	Q	T	A	I
W	L	Y	K	D	C	O	N	K	R	Y	E	A	D	F
N	N	I	P	W	I	T	E	I	F	Y	M	C	J	L
E	E	S	C	T	C	I	P	P	T	Z	H	E	G	I

CATARACTA
CAVE
HILL
DESERTO
GLACIER
SINUM
ICEBERG
INSULA
LACUS
MARE
MONTEM
OASIS
OCEANUM
PALUS
PENINSULA
BEACH
FLUMEN
TUNDRA
CONVALLIS
VOLCANO

29 - Dança

M	U	S	I	C	A	W	S	T	C	W	N	O	F	Q
N	H	E	D	Z	S	U	P	R	O	C	F	D	S	E
U	B	J	K	Z	U	C	N	A	L	Q	L	Y	A	E
M	S	A	Q	X	T	U	Y	D	H	L	A	E	T	A
E	W	W	N	W	C	L	H	I	A	O	C	X	V	I
R	N	R	C	P	E	T	O	T	N	L	I	J	P	M
O	S	F	L	B	F	U	D	U	G	K	S	G	R	E
M	O	T	U	S	F	R	E	M	C	R	S	Q	M	D
C	H	A	F	A	A	A	K	A	H	K	A	X	L	A
U	D	T	Z	D	O	E	R	O	Q	G	L	T	Y	C
L	A	U	S	I	V	O	S	D	C	I	C	S	I	A
T	M	B	E	X	P	R	E	S	S	I	V	U	M	A
U	R	E	C	E	N	S	E	N	D	U	M	M	S	Q
R	C	H	O	R	E	O	G	R	A	P	H	Y	I	T
A	S	T	A	T	U	R	A	M	U	I	C	O	S	E

ACADEMIAE
LAETA
ES
CLASSICAL
CHOREOGRAPHY
CORPUS
CULTURA
CULTURAE
AFFECTUS
RECENSENDUM
EXPRESSIVUM
GRATIA
MOTUS
MUSICA
SOCIUM
STATURAM
NUMERO
TRADITUM
VISUAL

30 - Nutrição

D	B	J	S	M	H	P	L	N	E	G	Y	F	P	M
L	I	D	M	E	N	O	I	T	C	O	C	N	O	C
E	I	E	P	U	I	E	B	P	B	C	C	S	E	N
I	Y	Q	T	T	X	D	R	O	C	O	A	A	Y	V
S	A	C	U	C	O	U	A	N	M	N	R	L	S	O
A	R	D	M	O	T	A	T	D	Q	D	B	U	G	K
N	A	I	I	Y	R	H	U	U	N	I	O	T	Q	S
U	M	E	R	P	T	E	M	S	Q	M	H	E	U	A
S	A	L	I	O	I	Y	S	Q	C	E	Y	M	A	P
S	E	R	V	O	H	S	A	G	W	N	D	I	L	O
C	I	B	U	S	F	N	C	G	Q	T	R	R	I	R
P	M	U	N	I	M	A	T	I	V	U	A	N	T	E
A	P	P	E	T	I	T	U	S	N	M	T	U	A	M
L	O	O	E	E	D	U	L	I	S	G	E	X	S	J
F	E	R	M	E	N	T	U	M	V	K	S	H	W	B

AMARA
APPETITUS
ADIPISCING
CARBOHYDRATES
EDULIS
DIET
CONCOCTIONEM
LIBRATUM
FERMENTUM
LIQUORES
CONDIMENTUM
CIBUS
PONDUS
SERVO
QUALITAS
SAPOREM
SANUS
SALUTEM
TOXIN
VITAMINUM

31 - Energia

P	A	T	U	J	I	F	A	N	G	U	P	I	U	M
U	L	T	R	I	C	E	S	C	A	Z	O	N	S	O
Y	I	W	B	D	A	X	G	S	S	R	L	D	U	T
D	W	L	O	M	E	Q	Z	O	O	E	L	U	E	O
E	L	B	A	W	E	N	E	R	L	C	U	S	U	R
N	S	Q	S	B	S	C	M	L	I	A	T	T	Q	B
V	P	O	J	Y	X	M	I	Y	N	L	I	R	S	H
I	C	U	L	T	E	D	S	R	E	O	O	I	E	P
R	P	H	O	T	O	N	T	K	W	R	B	A	T	C
O	F	L	P	F	T	U	I	Y	P	O	R	T	N	E
N	N	U	C	L	E	A	R	B	X	P	A	V	E	N
M	E	L	E	C	T	R	O	N	R	B	C	V	L	O
E	C	O	N	S	E	C	T	E	T	U	E	R	L	Q
N	A	T	M	M	Q	O	X	N	S	U	T	N	E	V
T	B	L	J	G	H	Z	U	Q	K	D	T	E	P	H

ENVIRONMENT
PUGNA
CALOR
CARBO
ESCA
PELLENTESQUE
ULTRICES
ELECTRON
ENTROPY
PHOTON
GASOLINE
CONSECTETUER
INDUSTRIA
MOTOR
NUCLEAR
POLLUTIO
RENEWABLE
SOL
TURBINE
VENTUS

32 - Disciplinas Científicas

B	O	T	A	N	I	C	A	M	A	U	R	O	H	B
A	P	Y	G	O	L	A	R	E	N	I	M	B	A	I
I	T	Y	N	W	V	J	I	E	A	L	B	Y	I	O
M	E	C	H	A	N	I	C	A	T	X	R	S	H	C
O	G	I	Y	G	O	L	O	R	O	E	T	E	M	H
N	E	R	M	F	C	G	W	R	M	J	S	D	D	E
O	B	C	A	M	U	N	O	F	I	A	T	R	U	M
R	I	Z	O	M	U	F	F	A	A	R	U	P	I	I
T	O	F	W	L	M	N	C	H	E	M	I	A	S	S
S	L	J	R	F	O	A	O	D	E	X	S	Y	R	T
A	O	X	M	M	W	G	T	L	F	X	R	Q	F	R
U	G	R	Q	L	E	O	I	I	O	U	Y	L	Z	Y
S	Y	Z	Z	E	S	V	C	A	C	G	Z	A	V	R
P	H	Y	S	I	O	L	O	G	Y	A	Y	V	S	L
K	I	N	E	S	I	O	L	O	G	Y	D	S	B	J

ANATOMIA
ASTRONOMIA
BIOLOGY
BIOCHEMISTRY
BOTANICAM
KINESIOLOGY
OECOLOGIA
PHYSIOLOGY
IMMUNOLOGY
GRAMMATICA
MECHANICA
METEOROLOGY
MINERALOGY
DUIS
CHEMIA

33 - Meditação

N	D	M	I	S	E	R	I	C	O	R	D	I	A	M
C	Y	O	E	M	A	R	U	T	A	N	V	A	I	A
O	I	O	C	U	I	D	M	E	F	B	S	K	T	R
G	H	B	S	T	D	A	S	S	H	V	U	A	A	E
I	S	S	I	C	R	S	I	I	L	X	T	K	R	P
T	T	E	L	E	O	I	T	P	E	C	C	A	G	O
A	A	R	E	P	C	D	N	M	X	H	E	Z	Q	A
T	T	V	N	S	I	V	E	A	P	M	F	U	Q	U
I	U	A	T	O	R	S	M	U	F	P	F	L	J	I
O	R	T	I	R	E	G	H	G	D	O	A	H	R	V
N	A	I	U	P	S	A	T	I	R	A	L	C	V	Z
E	M	O	M	B	I	U	M	U	S	I	C	A	E	N
S	F	N	G	L	M	X	T	L	N	R	V	G	V	M
L	O	E	R	L	Z	E	B	O	E	R	S	O	W	R
H	A	B	I	T	U	S	I	S	M	S	W	F	K	Z

ACCEPTIO
OPERAM
MISERICORDIAM
CLARITAS
MISERICORDIA
AFFECTUS
DOCTRINA
GRATIA
HABITUS
MENTIS
MENS
MOTUS
MUSICA
NATURA
OBSERVATIONE
PACEM
COGITATIONES
PROSPECTUM
STATURAM
SILENTIUM

34 - Artes Visuais

A	E	M	A	J	Z	C	Y	S	C	G	E	K	J	P
R	L	U	X	A	L	V	K	K	P	R	F	A	I	R
T	I	I	L	H	O	L	R	V	H	A	F	F	P	O
I	C	R	Q	U	P	N	P	E	O	P	I	T	A	S
F	N	A	M	C	T	J	V	Q	T	H	G	K	L	P
E	E	S	R	J	D	U	E	U	O	I	I	G	M	E
X	T	S	E	B	L	U	M	X	G	U	E	I	A	C
G	S	O	L	P	O	F	T	J	R	M	S	C	R	T
U	I	L	O	A	T	N	E	C	A	R	P	P	I	U
V	Q	G	P	T	U	E	E	B	P	I	K	W	U	M
Z	B	U	F	E	I	P	W	S	H	G	W	Z	S	S
C	G	Y	I	R	A	U	P	A	U	C	D	U	I	S
A	N	P	K	C	E	F	M	L	X	E	Z	Y	G	B
C	O	M	P	O	S	I	T	I	O	R	Z	C	Z	Z
P	I	C	T	U	R	A	E	P	C	A	G	C	T	Y

LUTUM
ARTIFEX
PEN
CARBONES
OTIUM
CERA
COMPOSITIO
GLOSSARIUM
STENCIL
DUIS
PHOTOGRAPH
CRETA
GRAPHIUM
PALMARIUS
PROSPECTUM
PICTURA
EFFIGIES

35 - Instrumentos Musicais

C	G	I	I	N	P	N	B	S	M	Q	L	V	Q	G
I	Z	X	F	T	E	G	P	A	A	I	B	I	T	Y
T	S	Y	L	Q	R	H	U	X	N	T	H	P	L	A
H	R	U	J	N	C	D	Y	O	D	B	A	Q	A	G
A	W	P	J	D	U	P	H	P	O	V	A	N	S	D
R	Q	F	Y	U	S	T	P	H	L	V	L	N	O	R
A	N	J	V	K	S	Y	Z	O	I	J	U	V	J	S
V	I	T	A	E	U	M	C	N	N	O	J	O	H	O
B	E	Y	T	N	S	P	C	E	Z	G	G	O	N	G
M	A	M	M	O	N	A	I	P	X	R	X	L	R	Y
F	I	S	H	B	I	N	B	W	O	T	L	L	U	F
E	B	Z	S	M	W	U	V	N	J	U	L	E	F	A
T	I	X	Q	O	F	M	P	Y	E	W	Y	C	K	K
Y	T	N	T	R	O	H	A	R	M	O	N	I	C	A
A	A	D	L	T	S	N	T	U	B	A	V	C	I	N

MANDOLIN
BANJO
TIBIAE
BASSOON
TIBIA
HARMONICA
GONG
CITHARA
SONATA
TYMPANUM
PERCUSSUS
PIANO
SAXOPHONE
TROMBONE
TUBA
VITAE
CELLO

36 - Adjetivos #2

D	E	S	C	R	I	P	T	I	V	E	F	A	I	C
L	X	I	R	T	A	E	R	C	N	X	R	D	B	A
X	M	L	S	I	C	C	U	M	O	L	U	S	B	L
H	N	A	I	N	C	X	I	A	B	A	C	U	S	I
G	A	R	U	F	O	M	N	R	I	B	T	P	Z	D
Q	Y	U	D	H	E	V	E	E	L	X	U	E	E	U
E	O	T	Q	A	S	R	U	V	I	I	O	R	L	M
R	D	A	D	N	V	D	A	M	S	E	S	B	E	X
W	O	N	W	P	Z	P	B	V	P	H	A	U	G	S
A	M	E	T	G	C	Y	S	U	R	U	P	S	A	A
N	M	V	E	L	O	G	I	A	J	T	H	Z	N	L
C	O	G	Q	S	S	U	T	A	N	O	D	L	S	S
X	C	S	B	E	V	R	R	S	N	U	H	S	A	A
O	O	B	X	M	Q	K	O	I	F	H	S	W	L	S
T	Q	R	E	W	Y	W	F	L	L	U	Y	L	V	L

VERAM
CREATRIX
DESCRIPTIVE
DONATUS
ELEGANS
NOBILIS
FORTIS
COMMODO
NATURALIS
DUIS
NOVUM
SUPERBUS
FRUCTUOSA
PURUS
CALIDUM
AMET
SALSA
SANUS
SICCUM
FERA

37 - Roupas

C	E	N	A	L	L	U	N	L	B	C	G	D	V	M
A	I	L	A	I	B	I	T	A	E	H	T	H	I	O
K	J	N	Y	X	J	K	E	C	P	L	S	A	M	V
Z	T	A	G	Z	D	T	L	I	A	A	H	B	K	E
T	X	Z	C	U	R	X	I	N	J	M	I	I	O	E
O	F	V	Y	K	L	D	N	I	A	Y	R	T	Q	D
G	E	W	A	L	E	U	O	A	M	D	T	U	O	F
E	S	U	O	L	B	T	M	C	A	E	C	K	P	G
Y	W	U	O	G	D	O	T	R	S	M	U	J	N	C
E	E	A	C	C	A	R	B	C	A	E	S	T	U	S
Z	A	I	L	A	D	N	A	S	J	H	C	I	H	W
T	T	A	O	C	V	T	M	B	C	P	X	U	A	P
C	E	R	O	M	A	L	L	I	M	R	A	B	T	M
B	R	S	L	F	Z	S	T	B	H	H	T	B	W	Y
Q	E	E	M	Z	W	V	H	W	X	I	H	D	A	N

BLOUSE
BRACCAE
SHIRT
COAT
HAT
CINGULUM
MONILE
JACKET
CHLAMYDEM
CAESTUS
TIBIALIA
MORE
PAJAMAS
ARMILLAM
LACINIA
SANDALIA
NULLA NEC
SWEATER
HABITU

38 - Herbalismo

M	F	V	M	C	A	S	I	A	G	H	F	C	B	D
U	A	I	P	J	P	W	P	X	N	L	B	H	A	O
N	E	R	Z	O	P	N	W	H	O	H	F	Y	S	R
I	N	I	S	U	T	R	O	H	G	M	F	V	I	I
L	I	D	N	F	I	D	S	I	A	H	I	B	L	G
E	C	I	E	L	I	T	U	D	R	O	V	S	I	A
S	U	S	I	R	D	N	A	I	R	O	C	L	U	N
O	L	O	D	M	E	R	O	P	A	S	M	P	S	I
R	I	V	E	Q	U	A	L	I	T	A	S	B	S	M
T	W	A	R	S	D	I	L	X	J	T	F	R	Y	B
E	P	U	G	R	Y	Q	L	B	W	H	B	L	M	E
P	L	A	N	T	A	O	A	L	Y	Y	F	U	O	L
T	X	C	I	S	U	N	I	R	A	M	S	O	R	S
C	R	O	C	U	S	W	O	I	I	U	H	B	F	W
A	R	O	M	A	T	I	C	U	M	M	A	Y	M	D

CROCUS
ROSMARINUS
ALLIUM
AROMATICUM
UTILE
CORIANDRI
TARRAGON
FLOS
FAENICULI
INGREDIENS
HORTUS
CASIA
BASILIUS
ORIGANI
PLANTA
QUALITAS
SAPOREM
PETROSELINUM
THYMUM
VIRIDIS

39 - Arqueologia

A	M	T	U	Y	O	X	S	C	N	I	X	E	P	A
J	Y	F	E	O	S	S	A	U	U	U	M	O	E	E
V	S	O	O	M	L	L	Z	J	Q	L	U	N	R	S
W	T	S	R	K	P	H	T	F	N	X	T	K	I	T
R	E	S	I	S	Y	L	A	N	A	Z	N	U	T	I
L	R	I	F	H	C	S	U	P	X	P	E	G	U	M
F	I	L	F	P	T	Y	N	M	Q	L	M	J	S	A
R	U	E	X	O	I	S	S	E	C	C	U	S	I	T
A	M	Y	E	C	D	G	K	P	K	D	N	M	N	I
G	I	D	B	Z	Q	G	N	U	S	E	O	R	N	O
M	I	R	O	S	S	E	F	O	R	P	M	C	A	R
E	O	B	L	I	T	U	S	A	T	C	E	I	B	O
N	B	M	E	R	O	T	I	S	I	U	Q	N	I	L
T	R	E	L	I	Q	U	I	A	O	M	M	T	G	O
A	A	N	T	I	Q	U	I	T	A	T	I	S	H	D

ANALYSIS
ANNIS
ANTIQUITATIS
AESTIMATIO
CULTU
SUCCESSIO
IGNOTUM
DOLOR
PERITUS
OBLITUS
FOSSILE
FRAGMENTA
INQUISITOREM
MYSTERIUM
OBIECTA
OSSA
PROFESSOR
RELIQUIA
TEMPLUM
MONUMENTUM

40 - Esporte

X	J	F	W	T	C	H	O	R	U	M	Z	L	F	M
E	O	B	Z	Z	R	V	P	E	C	A	I	Q	A	E
T	U	L	T	G	N	I	G	G	O	J	L	G	C	T
J	F	M	E	N	O	I	T	I	R	T	U	N	U	A
N	Y	M	G	M	C	S	A	W	P	E	C	I	L	B
F	O	R	T	I	T	U	D	O	U	I	S	L	T	O
P	F	R	F	E	G	A	K	M	S	D	U	C	A	L
S	A	Y	E	I	X	E	L	I	T	J	M	Y	T	I
Q	T	T	Z	A	N	T	Z	C	R	E	E	C	E	C
R	E	O	I	D	H	I	E	D	K	A	Z	L	M	A
Q	L	Z	M	E	Z	P	S	N	O	G	V	U	Z	E
T	H	O	I	A	N	P	W	C	D	H	N	D	W	E
M	T	S	X	R	E	T	J	D	N	E	M	I	Y	X
O	A	S	A	D	A	E	I	O	K	V	N	S	N	Y
F	D	A	M	E	T	U	L	A	S	G	A	S	I	O

EXTENDENS
ATHLETA
FACULTATEM
CYCLING
CORPUS
CHORUM
DIET
LUDIS
FORTITUDO
JOGGING
MAXIMIZE
METABOLICAE
MUSCULI
NUTRITIONEM
FINIS
OSSA
ELIT
PATIENTIA
SALUTEM
RAEDA

41 - Agronomia

P	K	P	V	E	S	T	I	B	U	L	U	M	W	C
B	Z	O	P	L	A	N	T	I	S	C	F	T	S	B
W	T	L	I	D	E	M	Y	T	E	W	A	L	C	M
Q	Y	L	Q	Q	S	G	J	Q	I	Y	I	B	H	A
Q	S	U	C	I	T	S	U	R	C	V	T	R	H	G
P	M	T	N	E	M	N	O	R	I	V	N	E	S	R
R	T	I	W	T	A	O	I	L	B	Z	E	G	E	I
J	A	O	W	D	U	R	T	E	R	M	I	B	M	C
Z	R	T	X	Z	G	G	C	G	O	Q	C	A	I	U
R	O	L	I	K	M	A	U	U	M	Y	S	R	N	L
F	C	O	I	O	E	N	D	M	A	M	Q	S	A	T
U	R	E	S	L	N	I	O	I	C	Q	R	J	S	U
J	E	N	Y	O	T	C	R	N	I	R	U	B	E	R
L	T	J	B	S	U	V	P	A	S	T	Q	A	X	A
E	S	Y	C	H	M	A	I	G	O	L	O	C	E	O

AGRICULTURA
ENVIRONMENT
AQUA
SCIENTIA
AUGMENTUM
MORBI
OECOLOGIA
VESTIBULUM
EXESA
STERCORAT
IDEM
LEGUMINA
ORGANIC
PLANTIS
POLLUTIO
PRODUCTIO
RUSTICUS
SEMINA
RATIO
SOLO

42 - Frutas

Z	I	F	D	K	F	E	F	B	C	F	P	T	N	P
A	P	P	L	E	D	T	E	B	S	I	E	A	E	R
L	G	X	Y	Q	W	I	Y	K	U	C	R	C	C	O
P	E	U	S	U	S	A	R	E	C	U	S	A	T	Z
S	L	M	A	Q	D	M	R	S	N	S	I	V	A	T
U	V	A	O	V	B	U	E	U	O	M	C	O	R	V
I	P	J	G	N	A	R	B	E	H	D	U	C	I	A
F	X	C	N	Z	L	I	B	L	R	O	M	A	N	K
H	D	N	A	Y	A	P	A	P	I	L	G	D	E	R
C	H	W	M	W	Z	L	G	P	N	O	K	O	D	T
S	F	Z	B	T	Z	C	J	A	B	R	Y	I	J	Y
R	U	B	U	S	I	D	A	E	U	S	I	G	W	C
J	X	E	X	Q	L	N	K	N	J	V	C	N	B	I
O	S	L	K	L	V	J	S	I	M	U	C	U	C	O
E	Z	D	H	P	P	N	V	P	M	O	L	E	J	T

AVOCADO
PINEAPPLE
ETIAM
BERRY
CERASUS
DOLOR
FICUS
RUBUS IDAEUS
GUAVA
KIWI

RHONCUS
LEMON
APPLE
PAPAYA
MANGO
CUCUMIS
NECTARINE
PIRUM
PERSICUM
UVA

43 - Corpo Humano

C	M	Q	V	W	T	I	A	O	X	A	J	M	C	Q
L	U	I	S	Q	A	S	U	R	C	L	A	E	R	O
J	N	B	P	N	R	X	R	O	B	U	L	N	Y	T
F	E	J	I	R	S	T	I	C	T	J	L	I	W	U
H	G	R	Q	T	O	O	S	W	J	T	I	U	T	N
A	J	R	T	Z	U	Q	U	I	E	E	X	G	S	E
U	R	M	D	Q	S	S	T	A	T	L	A	N	R	Y
N	A	R	I	B	U	S	I	C	N	U	M	A	F	V
A	Q	O	Y	G	L	C	G	O	O	N	C	S	C	B
C	A	P	U	T	M	N	I	L	R	B	H	Z	X	J
V	Z	F	O	Y	A	X	D	L	F	G	G	D	Y	Q
C	V	J	Q	W	N	L	M	U	R	B	E	R	E	C
N	N	L	Q	E	U	P	Q	M	U	T	N	E	M	V
W	R	Q	F	K	I	B	H	O	K	R	C	K	B	R
T	D	E	H	U	M	E	R	U	M	Q	D	Z	Q	S

ORE
CAPUT
CEREBRUM
COR
CUBITUS
DIGITUS
GENU
MAXILLA
MANU
NARIBUS
OCULUS
HUMERUM
AURIS
CUTIS
CRUS
COLLUM
MENTUM
SANGUINEM
FRONTE
TARSO

44 - Caminhada

T	P	U	E	S	L	K	Y	L	U	F	K	Z	I	Z
E	Z	R	R	J	O	A	Y	A	M	E	T	N	O	M
M	N	B	S	F	S	Y	P	A	M	R	O	Y	A	Z
P	M	D	U	C	E	S	C	I	W	A	U	Q	A	T
E	W	B	S	H	X	U	A	L	D	N	J	R	R	J
S	P	R	S	Z	G	N	S	E	Y	E	L	N	U	Y
T	O	P	A	X	Y	R	T	A	A	M	S	D	T	V
A	X	W	L	J	M	E	R	C	K	L	E	N	A	S
S	V	D	E	M	Q	B	A	R	V	U	O	I	N	Z
M	E	V	S	I	V	A	R	G	A	C	X	F	D	U
R	B	U	S	O	I	T	A	R	A	P	E	A	R	P
H	Y	A	N	I	M	A	L	I	A	D	R	W	U	W
U	G	D	O	R	I	E	N	T	A	T	I	O	N	I
A	E	A	D	Y	Q	V	U	M	K	Y	V	S	A	X
P	A	R	C	I	S	I	A	F	O	C	K	B	H	I

CASTRA
ANIMALIA
AQUA
TABERNUS
LASSUS
CAELI
CULMEN
DUCES
MAP
MONTEM
NATURA
ORIENTATION
PARCIS
LAPIDES
GRAVIS
PRAEPARATIO
FERA
SOL
TEMPESTAS

45 - Biologia

L	M	A	X	N	S	R	Q	K	B	R	U	O	S	N
H	U	N	K	Z	I	Q	T	U	V	Y	P	S	Y	A
L	T	A	F	H	S	O	N	H	S	O	W	M	N	T
B	A	T	P	S	O	Y	L	P	W	U	Q	O	A	U
A	T	O	A	K	I	R	A	R	E	L	X	S	P	R
C	I	M	B	B	B	B	M	N	V	N	D	I	S	A
T	O	I	V	M	M	M	M	O	Q	I	Z	S	E	L
E	N	A	C	E	Y	E	A	R	N	O	N	Y	K	I
R	I	E	C	X	S	R	M	U	T	E	P	P	M	S
I	S	M	E	L	I	T	P	E	R	F	D	L	R	E
A	E	S	L	H	S	E	Z	N	Q	G	E	A	U	X
V	W	O	L	C	O	L	L	A	G	E	N	N	F	B
N	E	R	V	U	S	U	B	I	P	A	D	T	I	C
C	H	R	O	M	O	S	O	M	E	B	T	I	I	G
E	P	R	A	E	G	R	E	S	S	U	S	S	F	Y

ANATOMIA
BACTERIA
CELL
COLLAGEN
CHROMOSOME
EMBRYO
ENZYME
PRAEGRESSUS
HORMONE
MAMMAL
MUTATIONIS
NATURALIS
NERVUS
NEURON
OSMOSIS
PLANTIS
DAPIBUS
REPTILE
SYMBIOSIS
SYNAPSE

46 - Beleza

V	N	M	K	P	N	W	U	L	Y	I	U	O	E	Z
S	P	E	C	U	L	U	M	H	E	K	F	W	N	B
I	E	K	I	C	N	Z	Z	X	U	P	Q	I	M	L
L	L	K	T	S	I	L	Y	T	S	R	O	L	O	C
L	E	Y	S	X	B	N	F	W	G	I	I	R	A	I
A	G	B	P	N	E	K	C	I	B	L	B	C	E	H
V	A	Q	I	G	E	S	U	I	O	N	I	U	P	M
N	N	Q	L	Q	L	N	D	C	N	V	T	T	X	O
O	T	E	M	A	E	T	K	U	G	N	S	I	O	F
C	I	N	G	I	G	U	C	V	W	L	I	S	D	F
Z	A	L	R	C	A	I	T	A	R	G	M	S	O	I
J	C	O	E	R	N	A	X	I	C	I	A	H	R	C
X	T	O	Q	N	S	S	H	A	M	P	O	O	N	I
S	T	R	O	D	I	W	H	Z	L	Q	I	P	E	A
Q	L	R	D	D	P	S	Y	N	L	K	M	D	P	Y

LIPSTICK
CINCINNIS
LEPOREM
COLOR
STIBIO
ELEGANS
ELEGANTIA
SPECULUM
STYLIST
AMET
ODOR
GRATIA
CUTIS
CONVALLIS
OFFICIA
LENIS
AXICIA
SHAMPOO

47 - Água

L	A	C	U	S	E	G	J	D	O	N	D	M	G	I
I	Y	B	R	A	T	I	E	I	M	B	E	R	E	R
C	C	H	G	T	E	J	M	L	R	T	G	J	Y	R
O	L	E	H	I	S	U	T	C	U	L	F	T	S	I
S	I	V	S	D	I	R	H	M	F	A	M	R	E	G
F	I	R	E	I	A	O	C	E	A	N	U	M	R	A
H	L	E	P	M	S	I	L	A	N	A	C	U	I	T
Q	E	U	L	U	X	T	R	L	J	X	U	I	S	I
K	E	K	M	H	V	A	S	L	H	H	Z	V	L	O
J	O	V	L	E	J	R	E	E	C	C	M	U	B	N
I	Y	V	R	E	N	O	C	C	D	I	F	L	N	E
Y	F	N	I	X	N	P	B	O	R	B	P	I	M	S
P	L	U	V	I	A	A	Q	R	A	V	F	D	M	O
U	M	U	N	H	Z	V	B	P	V	A	P	O	R	O
P	C	M	L	Z	C	E	L	B	A	K	N	I	R	D

CANALIS
PLUVIA
IMBER
EVAPORATIO
PROCELLAE
GELU
ICE
GEYSER
DILUVIUM
IRRIGATIONES
LACUS
ETESIA
NIX
OCEANUM
FLUCTUS
DRINKABLE
FLUMEN
HUMIDITAS
VAPOR

48 - Filantropia

K	A	E	I	M	U	F	Q	T	I	S	M	R	F	H
V	P	S	U	P	O	Q	I	I	C	B	N	W	I	O
P	O	A	X	O	H	S	U	L	U	P	O	P	N	N
U	A	T	M	A	M	N	L	I	I	L	R	B	A	E
B	W	I	C	E	B	T	C	Q	K	I	L	S	N	S
L	A	N	M	P	T	Y	B	I	C	A	G	D	C	T
I	T	U	D	S	J	A	O	F	J	I	P	A	E	A
C	Y	M	I	E	T	L	S	X	Z	R	E	T	C	T
A	Y	M	S	U	T	C	A	T	N	O	C	U	O	I
P	R	O	G	R	E	S	S	I	O	T	U	M	E	S
T	P	C	Q	H	W	C	A	C	I	S	N	X	T	V
Z	B	X	Y	I	L	S	M	Q	S	I	I	C	U	Q
A	J	X	S	Y	O	W	M	P	S	H	A	A	S	H
H	U	M	A	N	I	T	A	T	I	S	C	H	H	M
I	U	V	E	N	I	S	A	V	M	T	D	C	P	H

COMMUNITAS
CONTACTUS
FILII
DATUM
FINANCE
PECUNIA
COETUS
HISTORIA
HONESTATIS
HUMANITATIS
IUVENIS
MISSIO
OPUS
METAS
POPULUS
PROGRESSIO
PUBLICA

49 - Ecologia

C	P	V	J	B	Y	W	Y	M	A	L	L	U	N	G
O	A	I	D	P	N	R	P	A	O	E	T	X	Z	E
P	L	R	S	A	T	I	S	R	E	V	I	D	U	R
E	U	E	S	E	T	A	T	I	N	U	M	M	O	C
S	D	N	Y	D	N	L	N	N	U	B	E	F	F	N
Q	E	T	Q	X	B	T	S	E	T	N	O	M	O	A
F	M	I	S	I	C	C	I	T	A	T	E	Z	D	T
P	L	A	A	K	F	R	S	A	L	U	T	E	M	U
A	H	O	B	P	W	X	Z	A	Q	F	C	N	D	R
M	P	H	R	P	L	A	N	T	I	S	A	A	U	A
U	H	I	L	A	Q	V	V	P	B	N	E	T	S	L
V	A	R	I	E	T	A	T	E	W	X	L	U	N	I
S	P	E	C	I	E	S	X	H	G	T	I	R	E	S
V	O	L	U	N	T	A	R	I	I	S	M	A	F	V
W	F	P	J	X	A	H	A	B	I	T	A	T	Y	S

CAELI
COMMUNITATES
DIVERSITAS
SPECIES
FLORA
HABITAT
MARINE
MONTES
NATURALIS
NATURA
PALUDEM
PLANTIS
OPES
SICCITATE
SALUTEM
NULLAM
VARIETATE
VIRENTIA
VOLUNTARIIS

50 - Família

F	V	L	J	Z	I	M	J	T	Z	A	C	D	J	Z
W	C	N	L	B	K	A	I	L	I	F	X	S	F	E
P	M	U	S	S	I	T	P	E	N	J	Q	H	V	V
U	Q	X	X	S	I	E	A	C	W	Z	G	M	X	B
E	Y	O	G	R	L	R	O	R	O	S	O	P	E	N
R	C	R	M	H	I	E	D	I	N	G	D	Y	H	T
I	G	S	G	P	F	T	G	V	R	F	N	G	R	J
T	W	U	S	U	V	A	P	X	E	R	R	A	O	I
I	K	U	E	E	E	P	I	M	T	A	B	K	T	Z
A	A	R	C	R	X	W	N	Z	A	T	Y	J	S	A
M	A	T	E	R	T	E	R	A	M	E	G	D	E	L
A	X	A	L	I	D	S	E	G	T	R	S	K	C	N
C	C	P	T	G	P	K	T	R	L	Y	Q	G	N	X
D	D	F	V	A	V	I	A	I	K	V	Q	Z	A	L
V	U	Z	W	Z	T	I	P	B	R	P	Z	G	W	A

ANCESTOR
AVIA
AVUS
PUER
FILII
UXOR
FILIA
PUERITIA
SOROR
FRATER
VIR
MATERNO
MATER
PATER
PATERNI
COGNATA
NEPTIS
NEPOS
MATERTERA
PATRUUS

51 - Férias #2

O	U	L	M	L	T	I	F	Y	U	S	T	D	E	I
B	C	A	W	F	F	N	O	U	T	F	T	B	M	M
E	L	I	T	K	U	S	P	E	G	E	R	W	O	A
Q	F	F	N	R	U	U	Y	J	U	R	M	T	N	G
B	Q	B	R	N	H	L	L	O	A	I	T	A	T	I
Q	A	X	F	E	O	A	N	B	N	A	G	X	E	N
C	Q	V	P	J	T	M	A	R	E	S	B	I	S	E
X	R	V	A	N	E	I	L	A	D	U	L	B	W	S
P	D	T	M	T	L	M	L	T	R	H	B	Q	U	O
H	U	N	G	D	H	T	U	E	C	T	N	F	O	T
S	U	H	P	A	R	G	N	I	S	B	S	R	Z	I
V	Q	M	U	L	U	C	A	N	R	E	B	A	T	U
I	W	U	T	F	X	J	R	B	E	A	C	H	C	M
S	O	S	U	V	B	C	V	W	J	M	R	S	N	E
A	O	Q	S	U	O	R	E	I	E	X	F	I	V	I

CASTRA
ELIT
ALIENA
FERIAS
IMAGINES
HOTEL
INSULA
OTIUM
MAP
MARE
MONTES
SINGRAPHUS
BEACH
AMET
TAXI
TABERNACULUM
NULLA
ITER
VISA

52 - Edifícios

O	O	H	J	N	C	D	G	U	E	I	D	N	J	L
B	G	R	O	C	O	O	P	A	W	I	U	U	A	E
S	B	J	P	S	U	E	X	E	R	J	I	L	Z	G
E	C	A	B	M	P	G	G	Z	Q	A	S	L	A	A
R	F	O	R	U	M	I	I	A	Q	G	G	A	I	T
V	H	S	D	R	A	H	T	F	A	R	M	E	P	I
A	O	T	R	T	R	D	O	A	L	O	H	C	S	O
T	R	A	U	A	E	B	R	T	L	Q	Z	W	B	N
O	R	D	D	E	M	C	K	V	E	I	Q	D	K	E
R	E	I	B	H	A	Q	U	R	I	L	S	T	A	M
I	U	U	K	T	C	T	U	R	R	I	S	C	H	I
U	M	M	T	A	B	E	R	N	A	C	U	L	U	M
M	M	U	S	E	U	M	C	A	S	T	R	U	M	N
Y	F	A	C	T	O	R	Y	H	N	G	L	Z	S	B
U	N	I	V	E	R	S	I	T	Y	L	D	K	L	T

DUIS
CAMERAM
CASTRUM
HORREUM
LEGATIONEM
SCHOLA
STADIUM
FARM
FACTORY
GARAGE
HOSPITALIS
HOTEL
NULLA
MUSEUM
OBSERVATORIUM
FORUM
THEATRUM
TABERNACULUM
TURRIS
UNIVERSITY

53 - Boxe

R	M	S	R	F	E	R	A	R	T	I	C	L	A	C
T	E	U	J	O	I	E	C	X	Z	K	J	L	B	P
J	N	U	O	R	T	C	U	U	N	D	M	E	W	U
L	T	E	N	T	L	U	O	C	B	O	R	B	J	G
R	U	I	S	I	O	P	C	U	I	I	W	K	J	N
L	M	M	F	T	W	E	A	C	W	D	T	W	O	A
O	A	G	L	U	S	R	E	T	R	A	Q	U	P	T
U	Q	S	Z	D	J	A	S	U	C	O	F	F	S	O
F	L	U	S	O	F	T	T	W	P	P	I	N	A	R
Q	D	P	V	U	Z	I	U	A	O	U	F	P	I	O
P	A	R	S	M	S	O	S	F	M	G	A	Y	R	G
Z	K	O	L	U	G	N	A	T	C	N	U	P	U	P
K	Q	C	U	P	R	T	F	D	D	O	Y	N	I	Y
A	D	V	E	R	S	A	R	I	U	S	P	F	N	M
R	E	F	E	R	E	N	D	A	R	I	U	S	I	U

REFERENDARIUS
ANGULO
CALCITRARE
CORPUS
CUBITUS
LASSUS
FOCUS
FORTITUDO
ARTE
INIURIAS
PUGNATOR
CAESTUS
ADVERSARIUS
PUNCTA
PUGNO
MENTUM
RECUPERATIO
BELL

54 - Xadrez

L	U	D	I	O	L	U	D	I	U	S	M	F	J	S
C	O	N	S	I	L	I	O	T	E	M	P	U	S	A
H	T	E	U	U	T	A	N	I	G	E	R	D	K	C
E	O	M	B	J	M	V	G	W	K	X	N	I	X	R
D	R	A	L	X	U	I	T	M	L	O	P	A	H	I
I	N	T	A	W	R	S	S	V	T	G	B	M	D	F
S	E	R	H	S	G	S	L	S	Q	V	M	E	J	I
C	A	E	N	O	I	A	B	P	I	Y	I	T	T	C
E	M	C	P	L	N	P	H	N	O	T	I	E	U	I
R	E	Y	I	Z	R	Y	Y	H	H	I	R	R	B	U
E	N	F	M	T	P	U	N	C	T	A	Y	O	K	M
L	T	R	Z	N	D	N	K	E	J	M	A	N	F	U
Y	U	K	R	Q	N	G	C	P	R	T	E	H	X	D
U	M	H	W	A	A	T	P	E	C	E	A	R	P	U
A	D	V	E	R	S	A	R	I	U	S	X	Z	V	L

DISCERE
ALBUS
FORTISSIMUS
CERTAMEN
DIAMETER
CONSILIO
LUDIO LUDIUS
LUDUM
ADVERSARIUS
PASSIVA
PUNCTA
NIGRUM
REGINA
PRAECEPTA
REX
SACRIFICIUM
TEMPUS
TORNEAMENTUM

55 - Aventura

D	I	Y	I	Y	Y	B	C	R	V	I	S	I	G	X
O	I	T	A	R	A	P	E	A	R	P	B	T	A	O
N	G	F	T	K	M	E	T	U	L	A	S	I	U	C
O	J	D	F	T	C	H	R	E	Z	V	B	N	D	C
V	B	E	F	I	J	F	O	Z	N	L	J	E	I	A
U	D	F	F	M	C	V	F	K	J	L	O	R	U	S
M	M	U	S	O	L	U	C	I	R	E	P	A	M	I
A	M	I	C	I	S	U	L	W	C	P	V	R	S	O
D	L	A	C	T	I	O	D	T	O	D	I	I	T	N
M	I	R	U	M	X	Q	W	X	A	Y	R	U	U	E
N	A	T	U	R	A	H	I	O	N	S	T	M	D	M
I	N	S	O	L	I	T	A	S	M	J	U	O	I	X
P	Y	A	L	F	U	Y	H	S	I	I	T	P	U	Q
M	U	D	N	A	N	I	R	G	E	R	E	P	M	Q
P	U	L	C	H	R	I	T	U	D	O	S	B	D	E

GAUDIUM
AMICIS
ACTIO
PULCHRITUDO
VIRTUTE
FORTE
DIFFICULTAS
STUDIUM
PEREGRINANDUM
INSOLITA
ITINERARIUM
NATURA
NOVUM
OCCASIONEM
PERICULOSUM
PRAEPARATIO
SALUTEM
MIRUM

56 - Floresta Tropical

T	B	E	U	M	N	F	I	U	T	S	N	H	S	Z
A	R	T	L	O	I	Q	N	L	R	E	Q	P	A	O
M	J	U	S	A	T	I	S	R	E	V	I	D	L	Q
P	I	G	N	O	Q	A	E	R	M	A	L	L	U	N
H	H	G	C	C	H	W	C	P	V	K	C	P	T	C
I	D	H	U	A	A	M	T	H	V	N	Q	R	E	O
B	V	A	C	Q	F	T	A	T	C	A	U	E	M	M
I	Z	Z	A	L	F	A	I	S	J	T	A	T	U	M
A	O	Q	F	S	K	S	M	S	X	U	N	I	I	U
N	U	B	E	S	N	P	P	U	O	R	T	O	G	N
B	P	U	O	X	S	E	P	X	S	A	U	S	U	I
N	C	U	G	I	Z	C	O	O	N	C	M	U	F	T
K	C	H	K	V	K	I	H	V	L	X	U	M	E	A
O	I	X	J	R	U	E	Y	W	E	G	J	S	R	S
O	X	P	P	H	Z	S	B	O	T	A	N	I	C	A

AMPHIBIA
BOTANICA
CAELI
COMMUNITAS
DIVERSITAS
SPECIES
INSECTA
NULLAM
MUSCUS
NATURA
NUBES
AVES
REFUGIUM
QUANTUM
TRUNCATIS
SALUTEM
PRETIOSUM

57 - Cidade

M	D	Y	F	L	Z	K	Q	G	T	B	K	S	S	Q
L	Q	S	L	U	B	A	M	X	T	O	J	E	I	M
E	I	V	D	H	M	Z	Y	U	F	O	Q	G	N	U
T	A	B	E	I	T	E	M	A	N	K	U	E	P	S
O	T	W	R	S	S	N	U	H	E	S	T	T	I	E
H	Q	A	W	A	I	K	R	M	L	T	H	S	S	U
P	U	J	F	Q	R	D	O	O	I	O	E	R	T	M
D	I	U	E	X	O	Y	F	A	T	R	A	V	R	G
H	S	E	K	O	L	I	R	N	P	E	T	E	I	M
R	I	P	A	M	F	T	J	E	Z	F	R	X	N	Z
M	C	W	P	L	M	Y	U	R	L	I	U	S	U	W
S	C	H	O	L	A	K	U	O	J	L	M	J	M	I
S	T	A	D	I	U	M	Q	T	J	U	A	Z	C	F
F	X	S	J	Y	I	X	Z	S	Q	B	M	G	L	S
N	C	O	E	U	N	I	V	E	R	S	I	T	Y	C

ELIT
RIPAM
LIBRARY
EGET
SCHOLA
STADIUM
ATQUI
FLORIST
GALLERY
HOTEL
EXO
BOOKSTORE
STORE
MUSEUM
PISTRINUM
AMET
FORUM
THEATRUM
UNIVERSITY

58 - Música

P	O	E	T	I	C	A	I	N	O	M	R	A	H	L
U	Q	R	C	O	N	C	O	R	D	I	A	I	I	Z
O	U	H	E	T	A	T	N	A	C	C	W	N	N	B
C	X	F	U	M	L	G	C	N	R	H	L	E	S	M
W	L	J	J	H	U	L	A	E	N	O	F	A	T	U
N	N	A	U	C	G	N	N	E	J	R	F	N	R	S
R	E	M	S	Y	I	J	T	S	P	U	B	T	U	I
N	E	O	A	S	L	C	O	B	N	S	S	O	M	C
U	V	C	W	Q	I	O	R	A	L	B	U	M	E	U
M	O	S	O	H	X	C	H	Z	A	A	C	F	N	M
E	C	O	Z	R	C	J	A	G	C	X	I	A	T	M
R	A	P	G	J	D	Z	P	L	I	I	S	Q	U	D
O	L	E	C	B	S	I	X	Q	R	H	U	S	M	G
S	I	R	A	K	H	V	N	E	Y	F	M	Y	T	M
A	S	A	E	E	C	Y	I	G	L	V	O	L	I	K

ALBUM
NAENIA
CANTOR
CLASSICAL
CHORUS
RECORDING
CONCORDIA
HARMONIA
INSTRUMENTUM
LYRICAL
CANTATE
LIGULA
MUSICUM
MUSICUS
OPERA
POETICA
NUMERO
NUMEROSA
VOCALIS

59 - Matemática

I	B	R	F	S	P	H	A	E	R	A	A	E	Q	R
N	R	W	D	R	Y	U	P	X	K	M	E	X	U	E
U	T	K	L	F	A	T	U	D	U	M	Q	P	A	C
A	N	G	U	L	I	C	Q	L	B	U	U	O	D	T
K	P	J	A	K	K	P	T	I	A	S	A	N	R	A
J	M	U	L	U	G	N	A	I	R	T	T	E	A	N
N	U	M	E	R	I	L	Q	V	O	T	I	N	T	G
A	R	I	T	H	M	E	T	I	C	A	O	T	U	U
D	P	E	R	I	M	E	T	E	R	P	D	V	M	L
V	I	E	K	P	A	R	A	L	L	E	L	A	R	U
C	M	V	P	R	A	E	D	I	T	I	S	O	A	M
M	R	A	I	D	I	A	M	Z	O	U	U	W	D	H
H	U	X	B	S	E	L	A	M	I	C	E	D	I	C
D	R	F	Z	A	I	R	T	E	M	O	E	G	U	V
G	K	X	M	U	N	O	G	Y	L	O	P	Y	S	K

ARITHMETICA
ANGULI
DECIMALES
DIAM
DIVISIO
AEQUATIO
SPHAERA
EXPONENT
FRACTIO
GEOMETRIA
NUMERI
PARALLELA
PERIMETER
POLYGONUM
QUADRATUM
RADIUS
RECTANGULUM
PRAEDITIS
SUMMA
TRIANGULUM

60 - Saúde e Bem Estar #1

A	H	S	R	S	K	O	A	L	T	I	T	U	D	O
T	T	R	Y	N	L	S	U	C	I	D	E	M	R	H
Q	O	N	Y	V	Q	S	I	M	S	Y	G	B	E	A
U	I	U	Y	P	L	A	A	V	I	A	E	B	F	B
I	T	X	R	S	E	N	O	M	R	O	H	A	L	I
C	A	V	I	T	C	A	T	Y	X	E	X	C	E	T
B	U	U	X	M	A	H	V	I	R	B	N	T	X	U
F	Q	T	O	Y	W	F	Z	K	H	W	N	E	U	S
D	E	Z	I	B	G	D	R	Q	W	O	P	R	M	U
T	S	O	T	S	U	J	H	A	V	E	N	I	M	R
K	N	O	A	E	S	Y	Z	O	C	H	T	A	Z	I
S	O	O	R	M	A	R	U	T	A	T	S	V	N	V
C	C	I	U	A	N	E	E	V	E	F	U	A	I	W
T	H	F	C	F	W	D	V	G	H	H	P	R	E	X
N	D	Z	S	M	E	D	I	C	I	N	A	I	A	J

ALTITUDO
ACTIVA
BACTERIA
EGET
MEDICUS
ATQUI
FAMES
FRACTURA
HABITUS
HORMONES
MEDICINA
NERVIS
OSSA
CUTIS
STATURAM
REFLEXUM
CONSEQUAT
JUSTO
CURATIO
VIRUS

61 - Natureza

I	S	E	R	E	N	A	U	I	I	S	T	W	T	Y
M	E	Y	S	E	T	N	O	M	Q	I	R	H	K	O
Q	P	U	U	P	H	P	L	A	X	L	O	F	M	D
J	A	T	S	Y	A	S	I	L	V	A	P	Y	W	I
P	O	W	C	V	O	C	C	R	V	T	I	B	V	K
L	A	A	I	Q	D	I	I	R	E	I	C	A	L	G
C	R	J	P	L	U	I	W	S	X	V	A	N	A	A
A	C	U	I	Q	T	B	Z	C	K	B	L	U	E	N
L	T	Y	T	L	I	D	A	F	A	S	Z	B	X	I
I	I	R	N	D	R	U	E	Z	E	I	U	E	E	M
G	C	F	Q	F	H	K	D	S	Q	R	X	S	S	A
O	T	R	Q	D	C	Z	N	Z	E	T	A	W	A	L
V	N	E	M	U	L	F	O	X	N	R	W	G	N	I
S	A	N	C	T	U	A	R	I	U	M	T	U	B	A
U	V	K	T	A	P	U	F	Q	L	X	O	O	F	E

APES
ANIMALIA
ARCTIC
PULCHRITUDO
DESERTO
SUSCIPIT
EXESA
SILVA
FRONDE
GLACIER
MONTES
CALIGO
NUBES
PACIS
FLUMEN
SANCTUARIUM
FERA
SERENA
TROPICAL
VITALIS

62 - Doença

I	N	V	E	T	E	R	A	T	A	S	O	J	J	A
S	Y	N	D	R	O	M	E	M	J	D	K	M	P	L
Y	W	A	I	H	T	A	P	O	R	U	E	N	M	L
C	O	R	W	O	S	S	A	U	Z	I	T	Y	M	E
I	M	M	U	N	I	T	A	T	E	M	F	S	U	R
I	N	F	L	A	M	M	A	T	I	O	Z	N	C	G
I	I	R	O	T	A	R	I	P	S	E	R	W	I	I
C	O	N	T	A	G	I	O	S	I	S	X	C	T	E
C	O	R	P	U	S	Y	C	W	N	D	T	A	I	S
P	A	T	H	O	G	E	N	S	I	H	H	M	R	I
O	I	X	S	R	A	W	N	G	M	N	U	O	T	T
R	T	I	X	M	H	M	U	R	O	B	M	U	L	U
P	D	S	A	I	R	A	T	I	D	E	R	E	H	C
S	A	L	U	T	E	M	Q	W	B	B	Y	A	G	A
I	R	X	W	J	E	H	G	W	A	C	D	F	G	B

ABDOMINIS
ACUTIS
ALLERGIES
CONTAGIOSIS
COR
CORPUS
INVETERATA
INFIRMA
TRITICUM
HEREDITARIA
IMMUNITATEM
INFLAMMATIO
LUMBORUM
NEUROPATHIA
OSSA
PATHOGENS
RESPIRATORII
SALUTEM
SYNDROME
JUSTO

63 - Aquecimento Global

C	O	P	E	R	A	M	L	B	I	L	U	P	O	P
I	O	R	K	B	T	G	M	G	M	I	Y	S	L	P
N	H	N	U	I	A	K	A	L	P	Y	V	C	I	U
Z	F	E	S	L	D	I	U	E	E	D	M	I	Q	O
G	M	Y	Y	E	A	V	Q	G	R	X	T	E	I	P
C	Q	E	T	A	Q	Z	I	E	I	R	W	N	Y	I
H	Q	N	G	C	R	U	L	S	U	U	Z	T	V	N
F	U	T	U	R	U	M	A	O	M	L	U	I	H	D
N	A	Q	L	C	N	C	I	T	C	R	A	S	A	U
B	U	A	M	P	B	K	M	P	N	A	K	T	H	S
I	Y	N	C	O	N	S	E	Q	U	A	T	U	R	T
F	C	S	C	V	E	S	T	I	B	U	L	U	M	R
G	E	N	E	R	A	T	I	O	N	E	S	K	Y	I
I	N	T	E	R	N	A	T	I	O	N	A	L	Z	A
D	I	S	C	R	I	M	E	N	B	Z	I	H	Y	E

NUNC
ALIQUAM
OPERAM
ARCTIC
SCIENTIST
CAELI
CONSEQUATUR
DISCRIMEN
DATA
CONSEQUAT
VESTIBULUM
FUTURUM
GENERATIONES
IMPERIUM
LOCA
INDUSTRIA
INTERNATIONAL
LEGES
POPULI

64 - Aviões

A	L	T	I	T	U	D	O	D	S	A	L	X	C	P
U	M	I	S	U	S	R	E	V	Y	I	E	K	A	C
K	K	S	U	V	B	S	N	H	P	C	R	W	N	A
C	O	N	S	T	R	U	C	T	I	O	N	E	T	E
C	Z	O	N	B	N	M	Q	E	A	E	R	J	A	L
K	P	O	E	I	U	A	G	T	R	F	Z	G	V	U
H	V	L	C	G	N	L	A	N	A	M	Z	Y	I	M
B	H	L	S	Q	G	F	M	U	T	R	O	P	T	E
Y	W	A	E	V	B	N	R	E	N	I	G	N	E	S
R	P	B	D	C	P	I	N	S	X	G	B	G	X	C
F	C	M	G	U	B	E	R	N	A	T	O	R	F	A
H	I	S	T	O	R	I	A	A	C	A	S	U	S	S
N	A	V	I	G	A	R	E	R	C	L	Q	J	I	C
F	E	R	O	C	I	A	M	T	W	V	Z	J	K	L
C	O	N	S	E	C	T	E	T	U	E	R	O	C	G

ALTITUDO
AER
PORTUM
AERIS
CASUS
BALLOON
CAELUM
ESCA
CONSTRUCTIONE
DESCENSUS
VERSUS
CONSECTETUER
HISTORIA
INFLAMUS
ENGINE
NAVIGARE
TRANSEUNTE
GUBERNATOR
CANTAVIT
FEROCIAM

65 - Tipos de Cabelo

C	C	I	N	C	I	N	N	I	S	I	L	L	O	M
F	R	C	A	L	V	U	S	M	U	C	C	I	S	I
T	L	I	M	O	J	I	T	Y	B	D	X	X	N	J
O	X	A	S	L	C	D	B	U	L	N	Q	I	W	R
R	O	D	V	P	V	M	U	T	A	R	O	L	O	C
T	D	A	C	I	U	T	E	N	U	I	S	Y	R	B
I	P	E	I	T	S	S	G	W	B	A	S	I	B	H
S	T	M	J	A	J	G	R	X	U	E	J	E	Q	K
C	M	Q	D	C	H	F	I	D	X	O	O	A	H	V
X	R	Y	S	R	M	E	B	E	L	L	L	A	J	E
P	F	A	Z	U	M	U	T	N	E	G	R	A	B	L
H	H	R	S	S	V	A	N	I	U	S	S	S	D	M
Z	K	G	Y	S	S	J	D	Q	S	A	N	U	S	O
X	C	N	O	G	U	D	M	U	R	G	I	N	A	H
G	U	N	C	K	J	S	M	E	P	B	B	E	H	L

ALBUS
CRUS
CINCINNIS
CALVUS
GRAY
COLORATUM
DENIQUE
CRISPUS
TENUIS
CRASSUS
FLAVIS
DIU
BROWN
ARGENTUM
NIGRUM
SANUS
SICCUM
MOLLIS
TORTIS

66 - Formas

N	T	S	Y	C	Y	W	Z	W	A	D	E	P	T	O
N	M	G	N	K	G	D	M	B	O	H	L	O	R	C
V	U	D	X	O	B	Q	U	V	A	L	L	L	I	S
I	T	X	F	J	Q	D	L	A	V	O	I	Y	A	C
P	A	O	V	A	T	N	U	R	V	T	P	G	N	Y
Y	R	C	V	Q	P	A	G	O	C	U	S	O	G	L
N	D	I	M	H	A	E	N	I	L	V	I	N	U	I
T	A	C	S	Y	R	T	A	V	R	U	C	U	L	N
I	U	R	U	M	C	R	T	L	W	Q	G	M	U	D
M	Q	C	G	B	A	A	C	X	D	W	A	N	M	R
N	C	O	E	K	U	P	E	N	J	Q	L	Q	A	O
A	Z	P	R	I	K	S	R	S	P	H	A	E	R	A
N	C	I	R	C	U	L	U	S	H	H	A	H	L	D
X	F	P	Y	R	A	M	I	D	I	S	U	D	E	A
L	L	T	X	P	K	A	C	O	N	I	E	T	B	A

ARC
ANGULO
CYLINDRO
CIRCULUS
CONI
CUBUS
CURVA
ELLIPSI
SPHAERA
PARTE
LINEA
OVAL
PYRAMIDIS
POLYGONUM
PRISMA
QUADRATUM
RECTANGULUM
TRIANGULUM

67 - Criatividade

I	C	Q	A	D	J	W	P	E	T	R	A	F	I	I
N	Y	P	Q	R	K	J	R	X	O	J	D	L	N	N
G	P	V	Y	M	T	Q	U	P	I	M	D	U	T	T
E	H	I	P	E	S	I	R	R	T	P	I	I	E	U
N	Y	S	V	N	I	C	S	E	A	A	H	D	N	I
I	A	I	I	O	J	M	U	S	N	E	S	I	S	T
O	U	O	T	I	P	P	G	S	I	N	U	T	I	U
S	S	N	A	S	X	V	Y	I	G	A	T	A	O	M
U	U	E	L	S	B	B	J	O	A	T	C	T	N	D
S	C	S	E	E	U	D	D	V	M	N	E	E	E	K
O	I	T	A	R	I	P	S	N	I	O	F	M	M	O
L	G	M	U	P	I	M	A	G	O	P	F	S	X	Q
D	A	U	L	M	M	F	K	X	U	S	A	R	G	Z
B	R	M	C	I	Y	C	L	A	R	I	T	A	S	I
A	T	D	K	X	D	Z	B	V	Z	H	R	Z	X	T

ARTIS
CLARITAS
TRAGICUS
AFFECTUS
SPONTANEA
EXPRESSIO
FLUIDITATEM
ARTE
IMAGO
IMAGINATIO
IMPRESSIONEM
INSPIRATIO
INTENSIONEM
INTUITUM
INGENIOSUS
SENSUM
VISIONES
VITALE

68 - Dias e Meses

Y	A	L	I	Q	U	A	M	C	X	Q	M	D	Q	Q
Q	Y	F	P	K	X	I	S	A	P	R	I	L	I	S
N	R	H	W	O	V	W	I	Y	X	J	J	E	F	A
C	A	L	E	N	D	A	R	E	B	M	E	C	E	D
O	U	M	N	N	R	R	E	B	M	E	T	P	E	S
Y	R	O	U	A	M	F	N	C	W	S	S	F	G	I
L	B	N	J	G	Q	G	E	R	J	N	X	M	P	T
X	E	D	S	J	I	S	V	H	C	E	Z	J	O	R
S	F	A	W	A	O	C	S	U	J	M	Y	M	N	A
H	X	Y	M	A	T	V	Y	R	A	U	N	A	J	M
A	U	G	U	S	T	U	I	U	V	G	L	E	X	O
E	Z	E	V	W	T	U	R	S	F	A	Y	Y	Z	X
N	O	V	E	M	B	E	R	D	F	M	W	Y	B	R
S	E	P	T	I	M	A	N	A	A	X	N	F	V	E
O	D	O	M	I	N	I	C	A	X	Y	C	N	M	C

APRILIS
AUGUST
ANNO
CALENDAR
DECEMBER
DOMINICA
FEBRUARY
JANUARY
JULY
JUNE

MENSE
NOVEMBER
ALIQUAM
JOVIS
SATURDAY
MONDAY
SEPTIMANA
SEPTEMBER
VENERIS
MARTIS

69 - Saúde e Bem Estar #2

H	C	L	S	U	T	I	T	E	P	P	A	N	M	U
O	O	U	U	U	D	O	I	T	C	E	F	N	I	Z
S	R	D	S	Q	N	B	H	O	E	C	G	R	R	M
P	P	X	P	Q	U	A	I	I	Y	O	E	B	V	U
I	U	H	E	J	S	J	S	T	F	N	N	A	M	N
T	S	Y	N	M	O	O	D	A	G	C	E	G	M	I
A	S	G	D	V	V	B	I	R	X	O	T	O	S	M
L	I	I	I	B	R	O	M	E	A	C	I	A	A	A
I	U	E	S	C	I	V	X	P	Z	T	C	N	N	T
S	S	N	S	U	A	K	B	U	P	I	S	A	G	I
K	Q	E	E	P	V	L	O	C	H	O	P	T	U	V
T	D	I	E	T	D	D	O	E	U	N	T	O	I	W
M	O	P	T	B	D	T	Z	R	D	E	E	M	N	I
P	O	N	D	U	S	H	G	Z	I	M	T	I	E	S
V	E	S	T	I	B	U	L	U	M	E	V	A	M	E

URNA
ANATOMIA
APPETITUS
CALORIE
CORPUS
DIET
CONCOCTIONEM
MORBI
VESTIBULUM
GENETICS
HYGIENE
HOSPITALIS
MOOD
INFECTIO
SUSPENDISSE
PONDUS
RECUPERATIO
SANGUINEM
SANUS
VITAMINUM

70 - Geografia

K	S	L	E	V	J	R	T	A	I	R	T	A	P	X
H	C	A	D	P	B	K	K	F	T	B	M	F	T	T
X	J	T	M	M	H	W	E	S	T	L	V	I	F	S
C	M	I	U	E	T	I	L	U	W	Q	A	M	O	F
O	O	T	N	Q	R	P	T	G	B	O	O	S	J	E
N	N	U	A	H	O	I	D	N	U	M	E	B	R	U
T	T	D	E	F	N	O	D	U	T	I	T	L	A	F
I	E	O	C	J	E	T	R	I	C	N	M	S	M	J
N	M	M	O	Z	A	P	Q	E	A	H	Y	V	E	I
E	I	N	S	U	L	A	G	K	G	N	F	M	I	U
N	E	M	U	L	F	M	A	R	E	I	U	F	D	I
S	T	E	R	R	I	T	O	R	I	O	O	S	I	S
H	E	M	I	S	P	H	A	E	R	I	O	N	R	L
S	M	Y	K	A	A	S	E	Z	E	X	S	N	E	P
E	O	E	U	B	U	M	O	J	P	C	L	Q	M	K

ALTITUDO
ATLAS
URBEM
CONTINENS
HEMISPHAERIO
INSULA
LATITUDO
MAP
MARE
MERIDIANUS
MONTEM
MUNDI
NORTH
OCEANUM
WEST
PATRIA
REGIONE
FLUMEN
MERIDIEM
TERRITORIO

71 - Antártica

I	R	R	A	J	B	E	T	N	C	M	X	I	Y	A
S	C	O	N	L	A	L	U	S	N	I	N	E	P	V
R	O	E	C	E	Y	L	I	R	J	N	I	S	M	E
E	V	M	X	K	N	U	B	E	S	E	N	C	I	S
N	Z	P	N	K	Y	C	E	T	E	R	Q	I	G	A
V	T	E	M	P	E	S	T	A	S	A	U	E	R	Q
I	I	T	O	R	T	O	R	E	J	L	I	N	A	U
R	R	N	N	O	C	T	V	X	W	I	S	T	T	A
O	C	M	S	N	B	S	A	E	E	B	I	I	I	E
N	E	H	N	U	S	U	R	P	P	U	T	F	O	C
M	Y	S	Y	X	L	V	B	B	W	S	O	I	J	U
E	A	M	O	D	N	A	N	S	B	F	R	C	T	U
N	E	H	K	O	C	S	E	Y	V	B	E	I	V	P
T	C	O	N	T	I	N	E	N	S	C	M	X	D	A
E	X	P	E	D	I	T	I	O	N	E	R	V	V	A

ENVIRONMENT
AQUA
BAY
CETE
SCIENTIFIC
CONTINENS
EXPEDITIONE
ICE
INSULAE
INQUISITOREM
MIGRATIO
MINERALIBUS
NUBES
AVES
PENINSULA
ROCKY
TORTOR
TEMPESTAS

72 - Flores

H	I	B	I	S	C	O	Q	E	A	T	G	D	A	H
V	T	H	H	S	U	S	S	I	C	R	A	N	G	Y
I	M	U	C	A	X	A	R	A	T	I	I	Z	L	L
O	G	H	L	S	H	E	E	G	Y	F	S	N	A	N
W	J	R	U	X	O	B	V	I	J	O	A	S	O	R
X	A	I	L	O	N	G	A	M	V	L	C	T	P	X
O	R	C	H	I	D	I	P	V	U	I	F	U	H	D
A	E	N	E	A	N	Y	A	L	J	U	L	L	O	Q
L	I	L	I	U	M	V	P	J	U	M	O	I	T	A
P	E	T	A	L	O	R	U	M	G	M	S	P	I	S
V	Y	M	W	Q	Y	I	D	H	G	S	E	A	S	G
G	A	R	D	E	N	I	A	A	D	N	G	R	K	R
I	Z	I	S	U	H	T	N	A	I	L	E	H	I	P
U	X	L	G	B	Y	H	Q	O	Q	S	D	W	L	A
C	X	J	F	F	N	W	K	R	S	W	Y	T	Y	I

FLOS
TARAXACUM
GARDENIA
HELIANTHUS
HIBISCO
AENEAN
CASIA
LILIUM
MAGNOLIA
DAISY
NARCISSUS
ORCHID
PAPAVER
AGLAOPHOTIS
PETALORUM
PLUMERIA
ROSA
TRIFOLIUM
TULIPA

73 - Fazenda #1

F	K	T	H	R	Y	I	G	P	X	K	E	R	N	B
H	F	O	I	M	Z	W	L	B	S	I	N	A	C	O
S	E	A	R	U	T	L	U	C	I	R	G	A	C	S
E	V	D	C	G	T	Y	T	Z	P	V	B	P	O	M
P	U	S	U	Y	A	A	Q	U	A	H	D	H	R	Q
E	T	F	M	R	R	H	W	E	Y	Z	D	O	V	O
M	C	S	K	K	O	T	P	Z	H	C	I	S	U	A
U	O	I	T	Z	C	M	E	G	E	R	G	R	S	R
L	M	L	R	C	R	O	E	R	N	H	X	J	U	A
L	I	E	L	I	E	Q	M	N	R	N	V	A	N	W
U	F	F	C	I	T	A	N	A	O	A	B	S	I	P
P	R	G	T	G	S	U	U	Q	E	Z	D	L	S	B
V	I	V	I	T	U	L	U	M	B	M	B	G	A	N
V	L	M	X	F	G	E	U	T	C	H	S	S	A	B
L	R	Q	G	E	B	M	P	S	D	Q	X	I	V	A

APIS
AGRICULTURA
RICE
AQUA
VITULUM
ASINUS
HIRCUM
AGRO
EQUUS
CANIS
SEPEM
CORVUS
HAY
STERCORAT
PULLUM
FELIS
MEL
GREGEM
TERRA
BOS

74 - Livros

L	D	L	Z	L	M	V	O	A	E	T	J	M	Q	H
E	I	U	H	I	U	C	E	V	O	N	R	L	B	I
P	I	T	A	U	T	I	B	R	O	T	C	E	L	S
J	R	X	T	L	P	L	S	U	B	I	R	O	M	T
F	P	E	S	E	I	R	E	S	M	A	F	Q	W	O
E	W	T	U	U	R	T	E	N	I	T	R	E	P	R
V	B	N	S	R	C	A	A	L	U	B	A	F	U	I
J	C	O	A	C	S	O	R	T	H	W	T	P	Z	C
W	A	C	C	I	V	X	R	U	E	X	C	F	H	A
P	R	A	U	C	T	O	R	I	M	M	C	J	O	X
Q	M	C	O	L	L	E	C	T	I	O	A	V	B	Z
U	I	I	N	G	E	N	I	O	S	U	S	V	N	P
A	N	E	M	R	A	C	T	R	A	G	I	C	I	L
K	A	T	E	V	F	B	Q	L	J	N	Q	C	U	O
L	I	C	I	G	S	G	V	R	H	H	P	A	G	E

AUCTOR
CASUS
COLLECTIO
CONTEXT
DUALITATEM
SCRIPTUM
FABULA
HISTORICA
INGENIOSUS
LECTOR
LITTERARUM
VERBA
PAGE
MORIBUS
CARMEN
CARMINA
PERTINET
NOVE
SERIES
TRAGICI

75 - Governo

C	G	E	U	Y	P	C	Z	L	Z	G	D	P	L	P
O	I	T	A	R	O	I	M	I	O	W	M	A	E	A
N	A	N	S	K	L	U	O	B	A	U	L	B	X	C
S	X	X	U	Q	I	I	N	E	V	S	Y	G	U	I
T	I	O	V	X	T	T	U	R	S	R	W	G	D	S
I	K	L	Q	S	I	A	M	T	T	Y	L	T	R	F
T	L	A	I	Q	C	T	E	A	A	I	C	M	G	A
U	D	C	K	V	A	E	N	T	T	G	V	F	D	P
T	Z	S	L	B	I	M	T	E	U	V	E	Z	E	O
I	U	I	I	T	H	C	U	M	S	B	U	N	N	T
O	S	I	G	N	U	M	M	I	A	S	S	U	S	E
D	E	M	O	C	R	A	T	I	A	L	Z	U	U	N
Z	D	O	P	I	U	D	I	C	I	A	L	I	S	T
Z	I	I	U	S	T	I	T	I	A	T	Q	U	K	I
A	E	Q	U	A	L	I	T	A	S	L	B	T	N	A

CIUITATEM
CIVILIS
CONSTITUTIO
DEMOCRATIA
ORATIO
NULLAM
STATUS
AEQUALITAS
IUDICIALIS
IUSTITIA
LEX
LIBERTATEM
DUX
MONUMENTUM
GENS
PACIS
POTENTIA
POLITICA
SIGNUM

76 - Jardinagem

A	L	V	H	R	S	U	B	I	L	A	R	O	L	F
D	W	E	Q	Q	H	O	O	T	U	L	D	I	Q	K
I	P	T	Z	W	O	K	T	F	R	O	N	D	E	F
P	O	N	P	W	O	V	A	F	O	L	H	R	S	G
I	P	I	X	Q	Q	Q	N	O	M	X	K	A	O	F
S	E	I	C	E	P	S	I	L	U	H	I	H	H	L
C	N	L	S	L	L	V	C	I	T	J	P	C	Y	O
I	K	E	F	E	J	P	A	U	Q	A	P	R	Y	R
N	I	A	N	V	M	I	L	M	C	I	T	O	X	E
G	W	C	E	I	X	I	K	N	R	J	V	L	H	B
M	A	W	X	E	T	M	N	U	C	M	D	O	P	I
E	D	U	L	I	S	N	L	A	V	N	L	S	C	T
S	T	E	R	C	U	S	O	L	F	H	G	C	Z	R
K	A	D	H	J	L	V	U	C	J	C	F	H	H	O
J	V	C	D	O	A	F	X	I	G	Z	L	Y	P	D

AQUA
BOTANICA
FLOS
CAELI
EDULIS
STERCUS
SPECIES
EXOTIC
FLOREBIT
FLORALIBUS

FOLIUM
FRONDE
HOSE
ORCHARD
CONTINENS
ADIPISCING
SEMINA
SOLO
LUTO
UMOR

77 - Profissões #2

F	R	E	H	S	I	L	B	U	P	X	I	V	M	H
M	Q	V	J	D	S	N	E	H	Z	B	B	W	E	O
I	D	J	V	N	Z	O	V	R	M	H	R	R	D	R
P	N	L	G	A	Z	W	R	E	R	Y	G	O	I	T
Q	H	Q	W	Y	U	N	U	E	N	E	A	T	C	U
T	S	I	U	G	N	I	L	N	G	T	L	A	U	L
C	H	I	L	I	W	I	S	I	V	S	O	R	S	A
H	Y	U	P	O	S	Q	Q	G	M	I	C	R	G	N
O	K	N	Q	H	S	I	C	N	I	T	I	T	K	U
J	K	W	T	P	N	O	T	E	A	N	R	S	P	S
P	R	E	T	I	U	M	P	O	X	E	G	U	I	C
M	A	G	I	S	T	E	R	H	R	D	A	L	C	T
B	I	O	L	O	G	I	S	T	U	E	H	L	T	S
G	U	B	E	R	N	A	T	O	R	S	M	I	O	C
M	T	W	L	A	S	T	R	O	N	A	U	T	R	D

AGRICOLA
ASTRONAUT
BIOLOGIST
DENTIST
PUBLISHER
ENGINEER
PHILOSOPHUS
PRETIUM
ILLUSTRRATOR
INVENTOR
INQUISITOREM
HORTULANUS
WISI
LINGUIST
MEDICUS
GUBERNATOR
PICTOR
MAGISTER

78 - Café

P	T	U	D	G	T	S	D	X	W	A	J	O	B	B
R	K	D	I	D	I	C	V	P	P	M	U	R	Z	J
G	C	A	L	I	C	E	M	O	K	R	L	R	G	Q
T	Q	G	Z	U	A	N	U	P	O	G	I	R	O	P
S	E	X	B	Q	L	A	S	C	R	C	U	I	J	O
P	T	R	Z	I	U	M	S	U	R	E	S	G	N	Z
A	A	X	E	L	D	T	A	C	N	E	T	Z	D	T
R	T	S	U	G	A	R	L	G	R	K	M	I	M	M
G	E	I	Q	A	M	A	R	A	B	G	C	O	U	A
U	I	K	K	U	E	A	M	M	Z	D	V	M	R	M
N	R	M	X	Q	R	P	R	O	O	J	V	O	G	P
T	A	L	B	A	O	A	J	R	O	U	N	X	I	Q
U	V	H	R	Y	P	N	D	X	M	X	S	Q	N	C
R	J	E	S	B	A	P	T	Z	U	O	L	A	G	C
X	L	G	B	X	S	S	J	G	B	W	Y	T	Y	I

SUGAR
AMARA
ASSUM
AQUA
JULIUS
CALICEM
CREMOR
SPARGUNTUR
LAC
LIQUID
MANE
TERE
ORIGO
PRETIUM
NIGRUM
SAPOREM
VARIETATE

79 - Negócios

F	T	T	S	:	L	R	C	T	Y	P	W	C	C	J
A	A	S	A	O	P	J	E	I	T	S	E	L	O	M
C	B	U	L	C	F	U	E	D	R	E	V	V	M	O
T	E	M	E	I	B	F	U	Z	I	Z	L	B	E	W
O	R	P	M	D	L	C	I	L	J	T	F	C	R	C
R	N	T	O	O	M	Q	J	C	L	L	U	D	C	F
Y	A	U	L	D	N	T	O	D	I	M	P	S	E	I
U	M	S	U	O	U	E	A	E	R	U	V	U	S	N
H	C	V	C	L	O	G	T	N	K	R	M	C	E	A
G	T	E	I	O	B	D	U	Æ	M	C	W	R	R	N
J	X	S	R	R	A	U	B	U	X	U	T	A	K	C
N	A	N	R	T	Z	B	I	O	W	L	U	P	P	E
P	E	C	U	N	I	A	R	Z	P	R	F	A	K	V
N	N	B	C	B	K	D	T	N	U	O	C	S	I	D
D	Y	G	W	D	I	G	N	I	S	S	I	M	V	B

CURRICULO
SUMPTUS
DISCOUNT
PECUNIA
PARCUS
MOLESTIE
DICO:
DOLOR
OFFICIUM
FACTORY
FINANCE
TRIBUTA
DIGNISSIM
TABERNAM
LUCRUM
MERCES
MONETÆ
BUDGET
REDITUS
SALE

80 - Fazenda #2

V	E	G	E	T	A	B	I	L	I	S	H	P	W	A
S	L	M	U	C	I	T	I	R	T	W	O	Z	R	D
R	Z	U	A	L	L	A	M	A	P	A	R	T	E	D
A	T	T	I	T	A	G	N	U	S	L	D	S	S	E
L	G	N	X	R	U	H	L	G	I	O	E	D	P	S
F	Y	E	O	I	R	R	S	U	T	C	U	R	F	Q
M	W	M	P	H	G	I	A	X	A	I	M	A	N	R
C	U	U	K	K	R	A	G	E	N	R	U	H	K	W
D	D	R	V	R	S	I	W	A	A	G	E	C	A	L
I	D	F	W	O	Q	H	X	N	T	A	R	R	V	C
F	X	B	M	T	V	C	D	P	N	I	R	O	F	C
S	T	O	X	C	A	E	D	S	D	Y	O	E	K	U
U	S	A	M	A	Y	K	S	C	W	U	H	N	V	X
D	X	U	L	R	A	N	I	M	A	L	I	A	E	W
G	M	C	I	T	P	R	A	T	I	F	O	Y	F	S

AGRICOLA
ANIMALIA
HORREUM
HORDEUM
AGNUS
FRUCTUS
IRRIGATIONES
LAC
LLAMA
MATURA
FRUMENTUM
OVES
ANATIS
ORCHARD
PRATI
TRACTOR
TRITICUM
VEGETABILIS

81 - Jardim

E	G	A	R	A	G	O	R	C	H	A	R	D	T	G
N	G	V	M	S	H	B	T	E	S	G	O	N	R	H
V	S	E	U	I	E	W	F	W	U	V	R	C	A	C
M	Z	F	T	T	A	P	J	M	B	W	C	F	M	T
U	H	Y	S	I	L	L	E	H	O	S	E	Z	P	X
F	H	S	Y	V	K	G	M	M	L	F	Y	W	O	D
Y	T	X	X	B	A	N	C	O	O	B	Y	R	L	L
S	G	G	V	G	B	N	I	R	S	B	T	Y	I	F
A	B	R	O	B	R	A	I	N	A	Z	I	Z	N	L
Y	K	J	U	I	E	H	A	M	M	O	C	K	E	O
F	F	J	N	T	H	B	K	A	I	Y	F	A	Z	S
C	M	G	S	K	R	T	Q	N	T	R	A	C	M	J
H	O	R	T	U	S	U	R	Y	J	S	K	L	S	K
Y	C	M	J	H	W	G	M	D	V	D	T	R	V	B
S	A	R	C	U	L	U	M	E	F	I	X	Y	H	C

SARCULUM
BUSH
ARBOR
BANCO
SEPEM
ZIZANIA
FLOS
GARAGE
HERBA
HORTUS
EGET
HAMMOCK
HOSE
RUTRUM
ORCHARD
SOLO
XYSTUM
TRAMPOLINE
VITIS

82 - Oceano

T	F	N	A	H	L	Z	E	T	C	O	K	E	P	J
U	J	F	Z	N	Q	J	I	S	U	T	S	E	A	E
R	G	K	F	O	G	O	Q	Q	S	N	S	P	L	L
T	S	R	X	M	D	U	D	F	D	D	A	I	L	L
U	U	A	T	H	R	W	I	V	A	N	T	S	I	Y
R	T	H	L	X	P	E	G	L	S	P	S	C	U	F
B	C	S	P	O	N	G	I	A	L	N	E	E	Q	I
A	U	P	C	A	N	C	E	R	O	A	P	S	S	S
L	L	O	P	J	D	L	Y	F	S	M	M	V	J	H
E	F	L	C	O	R	A	L	Y	T	T	E	M	S	I
N	E	Y	Q	S	P	K	B	P	R	E	T	T	X	H
A	E	P	I	N	I	H	P	L	E	D	N	G	C	Y
E	R	U	X	Z	K	V	X	O	A	J	K	P	U	B
O	O	S	V	K	A	T	A	X	T	E	F	Z	H	Z
C	H	T	I	Y	E	X	H	E	T	W	U	Q	N	W

TUNA
BALENA
NAVI
SQUILLA
CANCER
CORAL
ANGUILLA
SPONGIA
DELPHINI
AESTUS

JELLYFISH
FLUCTUS
OSTREA
PISCES
POLYPUS
REEF
SAL
TURTUR
TEMPESTAS
SHARK

83 - Profissões #1

P	N	M	R	U	U	R	M	J	L	P	R	D	H	R
S	U	Z	U	Y	V	A	E	X	E	F	I	T	R	A
Y	T	R	X	S	T	C	B	D	G	H	U	G	T	N
C	R	E	E	Q	I	N	Y	G	A	X	T	C	F	K
H	I	T	L	R	L	C	R	O	T	A	T	L	A	S
O	X	H	Q	J	U	Y	U	U	U	C	B	O	Z	R
L	R	G	P	E	K	K	R	S	S	V	D	W	G	V
O	I	I	B	W	J	M	O	F	C	O	T	M	E	Z
G	K	F	S	E	O	A	T	U	A	N	L	N	O	B
I	M	E	R	L	S	U	I	R	A	B	M	U	L	P
S	A	R	T	E	K	I	D	L	U	B	N	T	O	I
T	C	I	S	R	B	L	E	W	R	T	O	U	G	P
M	W	F	A	S	T	R	O	L	O	G	U	S	I	J
N	B	S	C	I	E	N	T	I	S	T	M	Q	S	B
D	X	T	Z	V	E	N	A	T	O	R	T	Y	T	G

ARTIFEX
ASTROLOGUS
REMI
FIREFIGHTER
VENATOR
SCIENTIST
SALTATOR
EDITOR
LEGATUS
PLUMBARIUS
NUTRIX
GEOLOGIST
JEWELER
NAUTA
MUSICUS
THE
PSYCHOLOGIST

84 - Força e Gravidade

P	R	O	P	R	I	E	T	A	T	E	S	D	R	M
S	P	W	O	F	P	H	Y	S	I	C	A	I	D	A
C	E	L	E	R	I	T	A	T	E	S	R	L	C	G
M	A	G	N	I	T	U	D	O	B	Z	F	A	F	N
G	V	N	P	Z	W	W	F	T	L	H	S	T	X	E
A	T	E	M	P	U	S	S	I	X	A	I	A	P	T
O	C	U	F	N	N	E	U	P	S	W	C	T	L	I
P	R	I	N	V	E	N	T	I	O	P	T	I	A	S
C	O	B	N	A	K	F	O	C	N	R	U	O	N	M
E	H	N	I	A	M	M	M	S	Z	O	M	K	E	I
N	A	H	D	T	H	D	Y	U	Y	C	U	T	T	U
T	J	E	N	U	A	C	C	S	U	U	N	Y	A	C
R	Q	N	M	B	S	X	E	F	Q	L	P	A	R	F
U	S	B	L	Z	O	G	W	M	E	F	F	Y	U	E
M	J	C	U	R	A	B	I	T	U	R	Z	Q	M	Y

CENTRUM
INVENTIO
SUSCIPIT
PROCUL
AXIS
DILATATIO
PHYSICA
ICTUM
MAGNETISMI
MAGNITUDO

MECHANICA
MOTUS
ORBITA
PONDUS
PLANETARUM
CURABITUR
PROPRIETATES
CELERITATE
TEMPUS

85 - Abelhas

M	E	L	H	O	R	T	U	S	E	R	O	L	F	E
F	F	O	V	U	X	H	A	F	U	M	U	S	T	C
L	R	S	Q	T	N	D	K	T	A	N	E	R	Z	O
O	U	E	W	I	R	S	W	C	I	E	U	W	G	S
R	C	A	Y	L	A	R	H	E	M	B	N	C	M	Y
E	T	O	B	E	W	X	W	S	T	K	A	W	I	S
B	U	P	S	T	C	D	T	N	M	N	I	H	S	T
I	S	D	I	V	E	R	S	I	T	A	S	Y	C	E
T	F	E	T	A	L	V	E	O	J	R	Q	F	E	M
D	R	C	N	X	D	T	U	R	Z	O	R	Z	N	R
D	E	A	A	S	M	F	G	R	E	H	S	N	T	N
N	E	L	L	O	P	C	E	R	A	G	U	K	U	U
J	E	I	P	G	C	D	F	H	W	N	I	D	R	Y
L	T	S	J	C	T	Y	E	I	I	F	X	N	Q	U
U	L	Z	L	G	I	J	D	O	T	S	I	N	A	I

ALIS
UTILE
CERA
ALVEO
DIVERSITAS
ECOSYSTEM
MISCENTUR
FLOREBIT
FLORES
FRUCTUS
FUMUS
HABITAT
INSECT
HORTUS
MEL
PLANTIS
POLLEN
REGINA
SOL

86 - Ciência

E	W	Y	P	I	S	U	D	O	M	M	S	P	I	N
L	N	U	Y	A	R	U	T	A	N	E	C	A	A	U
K	M	I	K	B	K	K	V	E	T	R	I	O	S	X
G	R	A	V	I	T	A	T	I	S	A	E	W	Y	Y
V	Q	J	E	L	Z	S	N	F	K	C	N	L	G	D
D	R	B	B	G	S	I	L	U	C	I	T	R	A	P
D	N	D	D	E	R	J	F	I	E	W	I	C	C	K
M	I	N	E	R	A	L	I	B	U	S	S	A	I	M
U	G	R	K	I	V	O	K	I	B	F	T	E	S	I
E	X	P	E	R	I	M	E	N	T	U	M	L	Y	G
N	M	O	L	E	C	U	L	I	S	M	O	I	H	C
S	U	S	S	E	R	G	E	A	R	P	T	B	P	R
V	E	L	I	S	S	O	F	W	H	A	A	E	E	U
U	T	I	L	D	T	H	E	E	G	E	T	O	C	M
T	J	Z	V	A	P	L	A	N	T	I	S	X	A	E

ATOM
SCIENTIST
CAELI
DATA
PRAEGRESSUS
EXPERIMENTUM
EO
PHYSICA
FOSSILE
GRAVITATIS
RUM
NULLA
MODUS
MINERALIBUS
MOLECULIS
NATURA
PARTICULIS
PLANTIS
EGET

87 - Comida #1

S	P	B	X	S	P	P	W	A	S	W	C	K	X	H
D	E	A	Z	O	P	S	U	F	O	K	S	A	L	O
A	R	S	T	R	F	I	S	U	C	U	S	N	L	R
U	S	I	Q	E	W	Y	N	O	M	E	L	R	T	D
C	I	L	W	T	U	N	A	A	V	J	K	O	C	E
U	C	I	E	I	Z	L	P	F	C	E	N	Y	J	U
S	U	U	J	L	D	U	E	R	D	H	A	E	R	M
P	M	S	K	E	P	D	C	A	S	U	G	A	R	O
N	G	R	R	U	D	L	U	G	P	H	G	R	O	G
X	G	U	A	S	E	M	C	U	Y	R	O	N	R	B
S	L	Y	I	W	G	A	U	M	D	A	L	I	L	H
B	H	C	B	F	X	I	M	I	M	P	H	L	L	E
W	S	Q	X	P	Q	M	I	O	L	A	Y	V	M	Z
M	A	S	S	A	E	E	S	E	K	L	Q	P	J	L
I	J	I	A	I	N	L	C	M	L	Y	A	E	W	A

SUGAR
ALLIUM
EROS
TUNA
MASSAE
CEPA
DAUCUS
HORDEUM
PERSICUM
SPINACH
LAC
LEMON
BASILIUS
FRAGUM
RAPA
CUCUMIS
SAL
SEM
ELIT
SUCUS

88 - Geometria

Y	T	K	T	R	T	A	C	I	G	O	L	S	T	T
M	K	M	O	Z	V	S	E	O	Q	R	O	U	H	R
E	A	N	G	U	L	U	S	Q	M	Z	V	L	E	I
V	H	I	C	L	Q	L	U	I	U	F	Y	U	O	A
E	C	A	S	S	A	M	N	V	T	A	S	C	R	N
S	P	V	T	Z	D	A	A	Z	N	C	T	R	I	G
T	K	R	A	A	I	V	I	F	E	A	P	I	A	U
I	T	U	O	L	X	E	D	F	M	L	A	C	O	L
B	L	C	I	P	T	Q	E	E	G	C	R	H	O	U
U	S	T	T	W	O	I	M	A	E	U	A	X	C	M
L	E	M	A	Z	W	R	T	P	S	L	L	Q	E	P
U	X	D	R	S	K	V	T	U	R	U	L	P	L	J
M	Z	G	A	L	W	M	A	I	D	S	E	J	A	H
P	R	A	E	D	I	T	I	S	O	O	L	U	H	Y
S	U	P	E	R	F	I	C	I	E	M	A	H	T	O

ALTITUDO
ANGULUS
CALCULUS
CIRCULUS
CURVA
DIAM
RATIO
AEQUATIO
VESTIBULUM
LOGICA
MASSA
MEDIANUS
PARALLELA
PROPORTIO
SEGMENTUM
PRAEDITIS
SUPERFICIEM
THEORIA
TRIANGULUM

89 - Pássaros

P	A	R	O	D	N	P	B	N	X	J	E	B	G	N
S	E	P	A	V	O	Z	S	U	V	R	O	C	U	R
I	A	L	I	U	Q	A	I	I	I	S	Z	K	L	D
Q	M	P	I	A	E	W	T	O	T	V	X	X	L	F
G	P	H	I	C	N	N	A	O	N	T	U	N	J	U
K	Z	Q	X	J	A	S	N	U	L	L	A	E	K	M
C	L	Y	K	O	C	N	A	W	S	P	G	C	M	T
A	I	X	R	V	U	P	A	S	S	E	R	I	U	T
N	D	C	Y	U	O	X	Q	D	I	B	W	X	L	S
S	U	R	O	M	T	V	R	B	D	L	P	C	L	W
E	S	U	O	N	F	L	A	M	I	N	G	O	U	P
R	P	Z	K	I	I	I	H	E	R	O	N	S	P	B
E	V	E	C	Q	M	A	B	M	U	L	O	C	O	B
M	N	C	U	S	T	R	U	T	H	I	O	N	E	M
C	W	C	C	E	T	Q	E	U	F	N	Q	C	I	T

STRUTHIONEM
AQUILA
GA
CICONIA
SWAN
CORVUS
CUCKOO
FLAMINGO
PULLUM
GULL

ANSEREM
HERON
OVUM
PSITTACUS
PASSER
ANATIS
PAVO
PELICAN
COLUMBAM
TOUCAN

90 - Literatura

C	O	N	C	L	U	S	I	O	F	G	I	E	R	G
C	R	I	C	S	I	S	Y	L	A	N	A	S	D	U
C	O	N	L	O	X	X	T	M	B	H	U	U	K	X
A	T	N	E	T	M	U	T	N	E	M	U	G	R	A
R	C	V	C	T	R	P	X	W	L	B	Z	O	E	T
M	U	X	I	O	C	F	A	V	L	K	E	L	W	I
E	A	Y	D	D	R	F	K	R	A	D	R	A	G	V
N	G	X	B	Y	N	D	R	N	A	S	T	I	F	Q
B	P	Y	D	E	J	O	A	S	U	T	Q	D	L	R
W	I	H	C	U	G	T	T	R	R	M	I	U	H	T
N	O	I	T	P	I	R	C	S	E	D	E	O	F	K
O	I	Z	C	W	P	Y	I	W	V	A	L	R	N	W
P	O	E	T	I	C	A	F	Y	O	F	Y	C	O	E
E	S	Q	V	H	J	A	I	T	N	E	T	N	E	S
M	E	T	A	P	H	O	R	A	Z	M	S	K	V	L

ANALYSIS
FABELLA
AUCTOR
VITA
COMPARATIONE
CONCLUSIO
DESCRIPTION
DIALOGUS
STYLE
FICTA
METAPHORA
SENTENTIA
CARMEN
POETICA
CONCORDARE
NUMERO
NOVE
ARGUMENTUM

91 - Química

V	Q	V	Z	H	J	T	D	M	L	X	G	O	C	C
P	A	P	E	Z	I	M	K	O	N	E	I	R	O	A
Z	U	S	T	S	Z	J	U	B	L	D	P	G	N	T
H	K	J	A	F	T	T	F	R	P	O	L	A	S	A
L	I	Q	U	I	D	I	N	A	I	V	R	N	E	L
E	M	K	Q	O	Z	H	B	C	R	O	S	I	C	Y
L	O	Z	E	V	E	I	G	U	O	L	N	C	T	S
E	L	V	S	U	D	N	O	P	L	U	M	A	E	T
C	E	E	N	I	L	A	K	L	A	U	R	C	T	N
T	C	M	O	O	Q	R	S	U	C	A	M	I	U	U
R	U	Y	C	E	L	E	M	E	N	T	A	D	E	C
O	L	Z	D	M	P	F	F	I	Q	Q	W	U	R	L
N	O	N	T	O	R	T	O	R	Q	H	B	M	V	E
Z	S	E	E	V	B	U	P	K	B	Y	L	F	W	A
L	K	K	M	D	L	Y	K	C	X	H	K	N	F	R

ALKALINE
ACIDUM
CALOR
CARBO
CATALYST
CONSEQUAT
ELEMENTA
ELECTRON
ENZYME
VESTIBULUM

CONSECTETUER
ION
LIQUID
MOLECULO
NUCLEAR
ORGANIC
DOLOR
PONDUS
SAL
TORTOR

92 - Clima

T	R	O	P	I	C	A	L	J	E	D	I	Y	K	A
T	U	G	S	E	T	A	T	I	C	C	I	S	H	C
O	G	I	L	T	F	Z	S	Y	R	N	X	H	B	R
N	L	L	N	E	W	C	Y	F	Q	Q	K	T	I	S
I	U	A	L	S	I	R	E	A	F	B	Q	I	L	U
T	F	C	X	I	Z	S	A	T	S	E	P	M	E	T
R	P	F	S	A	X	M	U	C	C	I	S	P	A	N
U	B	X	Z	O	L	Z	R	O	T	R	O	T	C	E
A	R	H	I	C	E	M	A	N	U	B	E	S	X	V
T	U	R	B	O	Z	O	A	N	F	U	M	P	R	C
Y	L	D	M	B	U	T	M	U	L	E	A	C	R	T
P	R	O	C	E	L	L	A	E	R	I	R	J	Z	R
Z	Q	V	I	T	Q	D	B	U	O	I	E	E	K	E
P	O	L	A	R	Y	V	N	U	L	B	S	L	U	Z
N	C	U	T	A	J	I	S	W	A	W	H	T	X	S

MAURIS
AERIS
AURA
CAELUM
CAELI
PROCELLAE
ICE
ETESIA
CALIGO
NUBES
POLAR
FULGUR
SICCITATE
SICCUM
TORTOR
TEMPESTAS
TURBO
TROPICAL
TONITRUA
VENTUS

93 - Arte

P	I	A	Y	U	X	B	J	R	J	J	P	P	K	S
J	T	W	F	H	U	A	V	H	V	Q	E	I	O	U
B	A	M	E	T	O	L	J	Y	C	J	R	C	U	B
S	R	F	U	P	F	L	Y	L	H	U	T	T	G	I
W	I	U	A	N	I	M	R	A	C	A	R	U	B	E
G	P	X	B	L	G	N	B	U	L	E	A	R	Z	C
D	S	E	K	B	U	I	X	S	J	X	H	A	T	T
G	N	L	N	E	R	R	S	I	Q	P	E	E	E	U
D	I	P	O	W	A	J	X	V	N	R	N	K	L	M
C	O	M	P	O	S	I	T	I	O	E	X	E	L	K
W	A	O	Z	H	B	H	Y	I	N	S	U	B	U	P
D	Y	C	M	P	S	Q	H	Z	W	S	J	D	S	O
S	U	R	R	E	A	L	I	S	M	I	B	N	Z	I
W	S	M	V	G	H	K	A	P	K	O	E	A	N	V
O	R	I	G	I	N	A	L	A	L	I	O	R	Y	X

TELLUS
COMPLEXU
COMPOSITIO
EXPRESSIO
FIGURA
AMET
MOOD
INSPIRATI
ORIGINAL
ALIO
PICTURAE
CARMINA
PERTRAHE
SIGNUM
SUBIECTUM
SURREALISM
VISUAL

94 - Diplomacia

R	E	T	H	I	C	O	R	U	M	G	D	S	M	D
I	E	D	I	P	L	O	M	A	T	I	C	A	E	I
S	N	S	I	U	G	N	I	L	A	K	P	I	T	S
O	D	T	O	Z	C	C	L	R	I	A	S	M	A	P
L	D	A	E	L	L	E	G	A	T	U	S	P	T	U
U	R	Y	A	G	U	C	G	U	I	H	M	E	I	T
T	O	K	S	L	R	T	T	M	T	O	E	R	R	A
I	L	M	G	E	B	I	I	A	S	V	N	I	U	T
O	J	X	W	D	P	Z	T	O	U	Z	O	U	C	I
C	E	R	T	A	M	E	N	A	I	C	I	M	E	O
P	O	L	I	T	I	C	A	X	T	S	T	C	S	N
C	O	M	M	U	N	I	T	A	S	E	A	O	L	E
C	O	O	P	E	R	A	T	I	O	V	G	E	R	M
T	R	A	C	T	A	T	U	S	U	I	E	H	D	V
D	N	M	H	C	I	M	D	N	S	C	L	H	G	Y

CIVES
COMMUNITAS
CERTAMEN
AUCTOR
COOPERATIO
DIPLOMATICAE
DISPUTATIONEM
LEGATIONEM
LEGATUS
ETHICORUM
IMPERIUM
INTEGRITATE
IUSTITIA
LINGUIS
POLITICA
RESOLUTIO
SECURITATEM
SOLUTIO
TRACTATUS

95 - Comida # 2

T	Y	Q	I	Q	L	F	N	O	S	M	Y	I	M	J
T	J	Z	K	X	B	R	X	D	A	K	I	U	U	R
Z	N	T	Q	J	A	A	K	H	K	S	L	U	R	P
C	E	R	A	S	U	S	I	W	Q	V	P	V	O	H
P	U	U	E	Q	V	M	W	H	K	P	Z	A	G	O
I	Q	G	A	L	N	X	I	H	E	M	V	U	N	D
S	S	O	M	X	P	D	N	A	C	A	S	E	U	S
C	I	Y	E	B	U	P	U	M	E	N	A	P	F	P
E	R	Y	T	I	L	C	A	C	T	U	S	H	U	K
S	E	T	N	A	L	P	G	G	E	V	I	J	A	G
O	L	R	E	M	U	I	P	A	I	E	Z	X	C	G
V	E	U	G	H	M	E	T	N	A	L	I	G	I	V
U	C	D	L	T	R	I	T	I	C	U	M	F	G	S
M	S	I	A	R	P	F	W	I	O	R	X	W	S	B
R	A	O	R	I	C	E	J	E	A	O	N	S	C	R

APIUM
CACTUS
VIGILANTEM
RICE
EGGPLANT
ALGENTEM
CERASUS
SCELERISQUE
FUNGORUM
PULLUM

YOGURT
KIWI
APPLE
OVUM
PANEM
PISCES
HAM
CASEUS
TRITICUM
UVA

96 - Universo

R	D	E	D	T	Q	B	D	X	X	G	F	L	T	A
D	S	L	Z	O	Z	G	U	M	J	A	O	A	E	S
A	S	T	R	O	L	O	G	U	S	L	R	T	L	T
H	O	R	I	Z	O	N	L	L	I	A	B	I	E	E
A	Y	F	Z	P	F	X	U	E	R	X	I	T	S	R
G	S	I	R	E	A	B	N	A	A	I	T	U	C	O
S	I	T	S	E	L	E	A	C	L	A	A	D	O	I
T	E	A	R	B	E	N	E	T	O	B	J	O	P	D
C	A	I	D	O	Z	W	Z	C	S	W	R	Z	I	E
H	N	N	E	N	N	J	D	Q	B	P	M	F	U	M
Z	M	U	I	T	C	O	N	I	U	Q	E	A	M	N
P	U	H	V	H	D	X	M	A	C	I	M	S	O	C
O	I	R	E	A	H	P	S	I	M	E	H	Q	E	I
Z	U	C	W	J	G	T	E	R	A	P	P	A	O	E
L	O	N	G	I	T	U	D	I	N	I	S	Q	O	P

ASTEROIDEM
ASTRONOMIA
ASTROLOGUS
AERIS
CAELESTIS
CAELUM
COSMICAM
GALAXIA
HEMISPHAERIO
HORIZON
LATITUDO
LONGITUDINIS
LUNA
ORBITA
SOLARIS
AEQUINOCTIUM
TELESCOPIUM
TENEBRAE
APPARET
ZODIAC

97 - Jazz

I	M	P	R	O	V	I	S	A	T	I	O	N	S	N
W	Z	U	X	Y	C	W	F	A	A	R	S	X	T	B
O	H	U	H	A	E	D	E	R	Q	Y	C	B	Y	H
N	O	B	I	L	I	S	U	T	E	V	A	A	L	J
F	A	V	O	R	I	T	E	S	F	K	N	P	E	L
S	O	L	O	C	O	N	C	E	R	T	T	F	Y	I
K	O	I	T	E	Z	U	V	H	A	C	I	S	U	M
A	O	M	T	A	L	E	L	C	Y	S	C	P	M	U
N	R	M	S	I	L	I	Z	R	B	B	U	X	T	B
O	V	T	P	W	S	E	K	O	R	E	M	U	N	L
V	Z	R	I	P	U	O	N	T	Y	M	P	A	N	A
U	K	A	Y	F	N	K	P	T	P	R	I	U	D	K
M	M	Z	H	G	E	U	P	M	U	F	E	H	L	E
O	F	I	N	F	G	X	T	V	O	M	H	P	C	O
C	O	M	P	O	S	I	T	O	R	C	T	B	V	R

ARTIFEX
ALBUM
TYMPANA
CANTICUM
COMPOSITIO
COMPOSITOR
CONCERT
STYLE
NOBILIS
FAVORITES
GENUS
IMPROVISATION
MUSICA
NOVUM
ORCHESTRA
NUMERO
SOLO
TALENTUM
ARS
VETUS

98 - Barcos

S	W	S	T	T	Q	T	N	G	I	F	H	W	T	A
F	T	Q	D	C	F	E	A	L	R	W	D	J	E	E
V	H	M	E	N	U	F	V	A	L	E	R	A	M	S
D	E	K	A	Y	A	K	I	C	G	S	G	W	F	T
A	N	C	H	O	R	U	S	U	M	C	O	E	A	U
N	I	O	F	P	G	V	T	S	I	T	A	R	M	S
A	G	C	L	W	O	E	N	I	T	S	U	S	I	L
U	N	E	U	E	F	R	C	K	C	T	O	O	H	H
T	E	A	M	J	I	E	T	V	L	I	R	W	I	E
A	K	N	E	D	K	T	H	T	F	V	S	O	P	W
Y	G	U	N	G	C	N	C	V	I	A	C	T	Y	T
V	A	M	K	B	F	I	A	V	U	T	R	J	T	B
T	R	D	I	T	C	L	Y	V	Z	N	O	I	L	E
F	L	U	C	T	U	S	I	X	Y	A	O	R	C	G
T	X	M	X	R	G	G	S	L	M	C	P	W	C	N

ANCHOR
PORTTITOR
SUSTINEO
KAYAK
LINTER
FUNEM
GREGEM
YACHT
RATIS
LACUS
MARE
AESTUS
NAUTA
ENGINE
NAUTICIS
OCEANUM
FLUCTUS
FLUMEN
CANTAVIT
NAVIS

99 - Mamíferos

I	Y	P	S	K	Z	U	N	T	W	G	M	H	L	X
C	A	N	I	S	X	L	S	F	A	G	V	E	U	C
U	R	M	Q	E	G	X	E	T	P	U	S	E	P	A
Z	B	U	U	V	A	T	J	P	S	C	R	Y	Z	S
X	E	Y	C	O	Z	T	C	R	U	L	W	U	I	T
N	Z	D	I	T	O	K	F	D	S	S	F	G	S	O
P	A	N	T	H	E	R	A	E	U	J	J	Z	O	R
I	N	I	H	P	L	E	D	T	L	A	K	C	N	V
Z	E	F	B	Q	E	G	P	O	E	I	C	R	O	U
B	L	L	U	P	U	S	E	Y	M	M	S	Q	G	L
M	A	C	R	O	P	U	S	O	A	I	U	L	Q	P
P	B	Q	J	S	L	S	T	C	C	S	U	N	E	E
E	L	E	P	H	A	N	T	I	S	N	Q	M	P	S
A	G	S	C	A	G	L	Z	G	I	R	E	U	G	G
P	Y	F	F	N	C	R	I	T	I	A	X	J	H	W

BALENA
CAMELUS
MACROPUS
CASTOR
EQUUS
CANIS
LEPUS
COYOTE
ELEPHANTIS
FELIS
PANTHERA
DELPHINI
ORCI
LEO
LUPUS
SIMIA
OVES
VULPES
TAURUS
ZEBRA

100 - Atividades e Lazer

S	B	Y	B	E	T	D	H	X	K	R	I	Y	B	C
S	A	O	K	C	O	N	S	E	Q	U	A	T	A	A
K	X	T	X	N	Z	E	B	E	X	S	Y	E	S	S
U	I	R	S	I	P	I	C	T	U	R	A	M	E	T
T	G	I	E	U	N	G	E	V	U	S	Z	A	B	R
N	A	S	I	I	P	G	T	R	A	V	E	L	A	A
A	R	T	B	D	Z	E	H	D	Y	J	N	P	L	D
T	D	I	B	I	N	Q	R	Z	F	X	Z	L	L	I
A	E	Q	O	G	O	L	F	F	K	W	F	G	H	G
N	N	U	H	H	V	F	J	Z	I	U	J	U	Z	N
T	I	E	X	Y	W	I	D	N	A	C	S	I	P	I
E	N	T	H	V	O	R	U	T	W	R	I	K	F	S
S	G	S	U	L	L	G	C	C	P	N	M	E	V	S
U	L	T	R	I	C	E	S	T	L	G	Q	W	S	I
P	U	L	V	I	N	A	R	N	P	C	O	K	X	M

CASTRA
ES
ULTRICES
BASEBALL
BOXING
DIGNISSIM
GOLF
HOBBIES
GARDENING
CONSEQUAT
NATANTES
PISCANDI
PICTURA
AMET
SUPERFICIES
TRISTIQUE
TRAVEL
PULVINAR

1 - Dirigindo

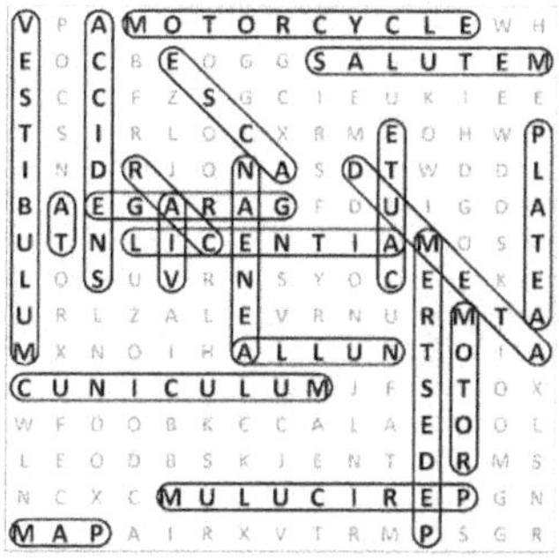

2 - Antiguidades

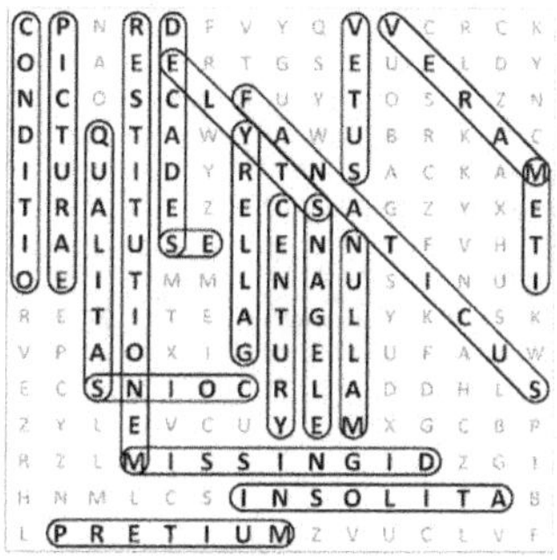

3 - Churrascos

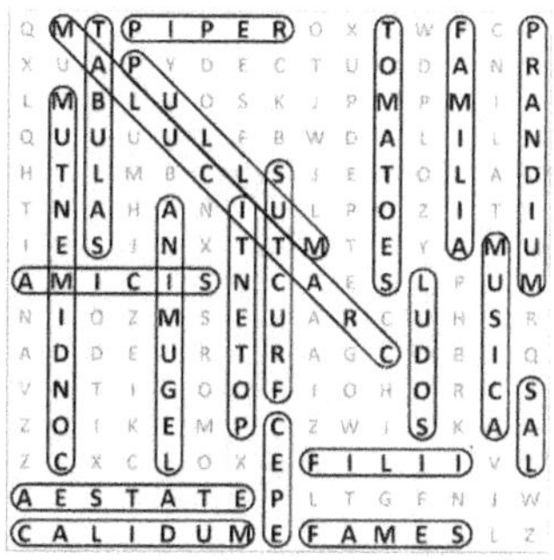

4 - Pesca

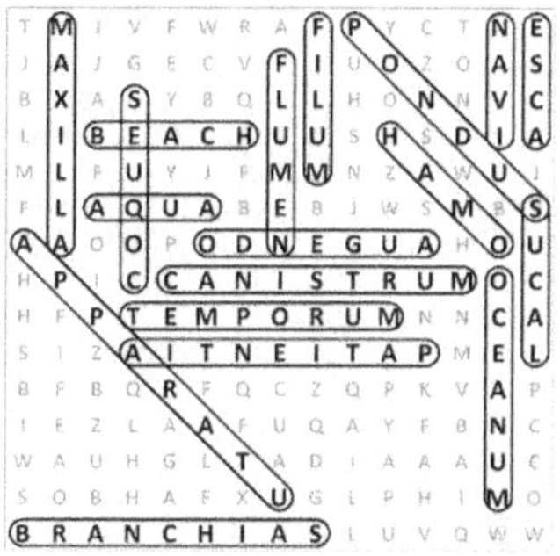

5 - Geologia

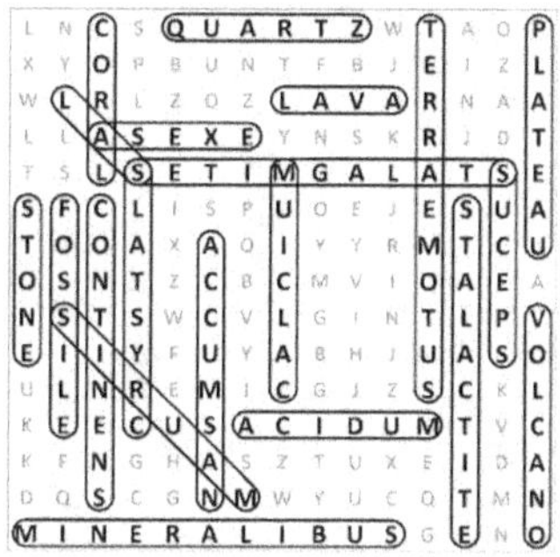

6 - Ética

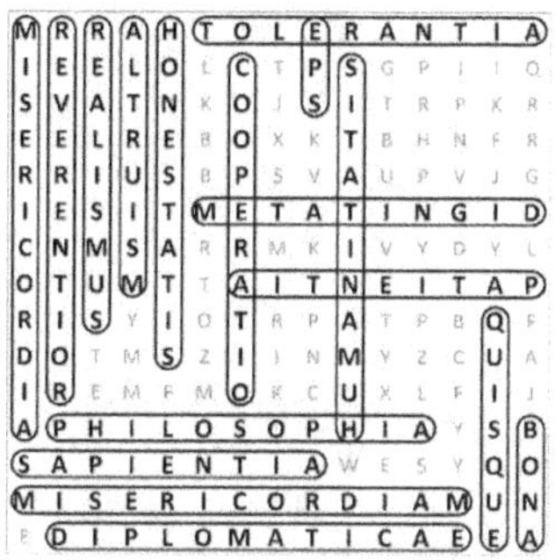

7 - Tempo

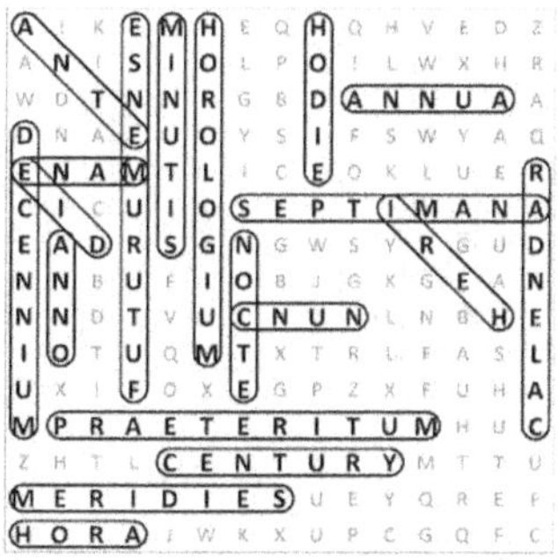

8 - Astronomia

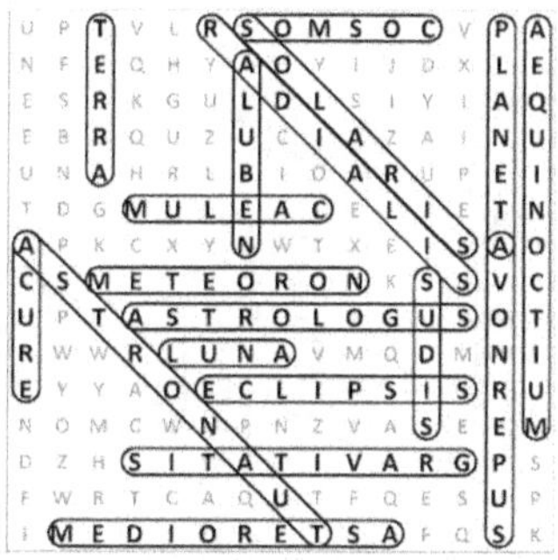

9 - Acampamento

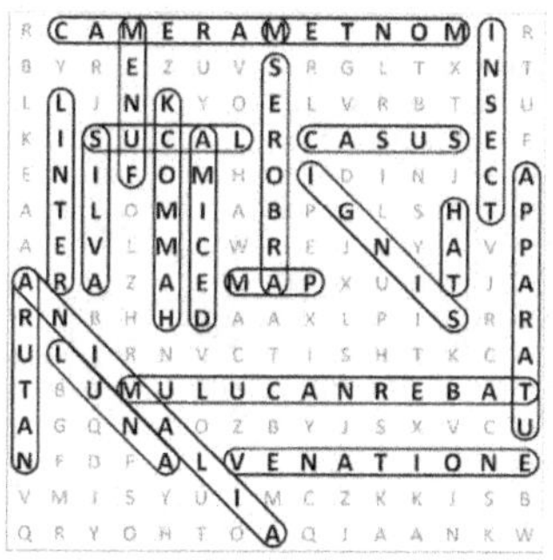

10 - Ficção Científica

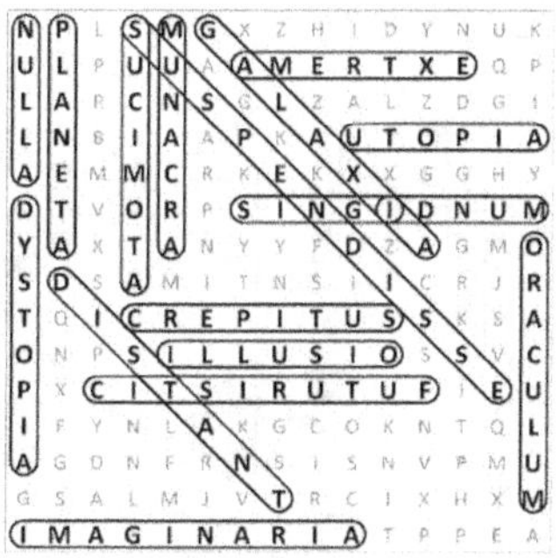

11 - Mitologia

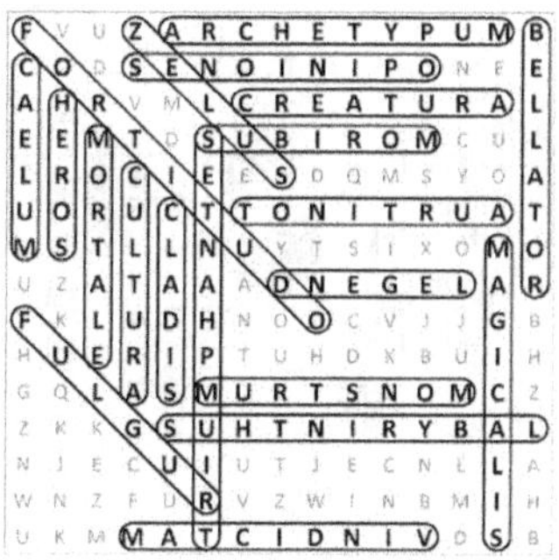

12 - Medições

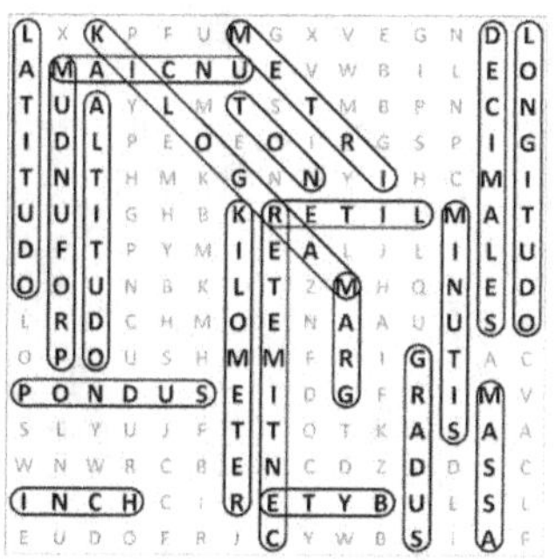

13 - Álgebra

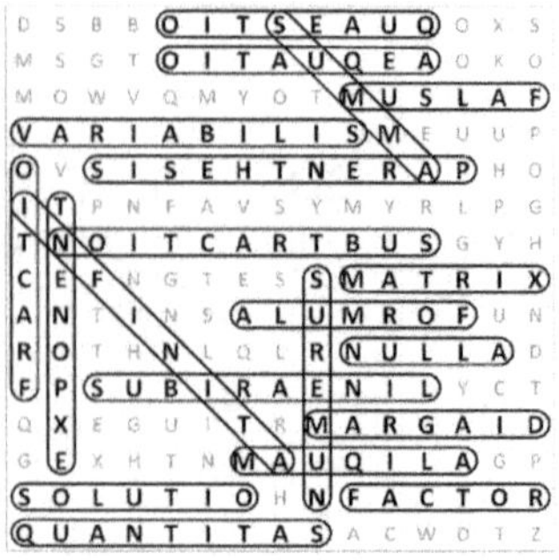

14 - Plantas

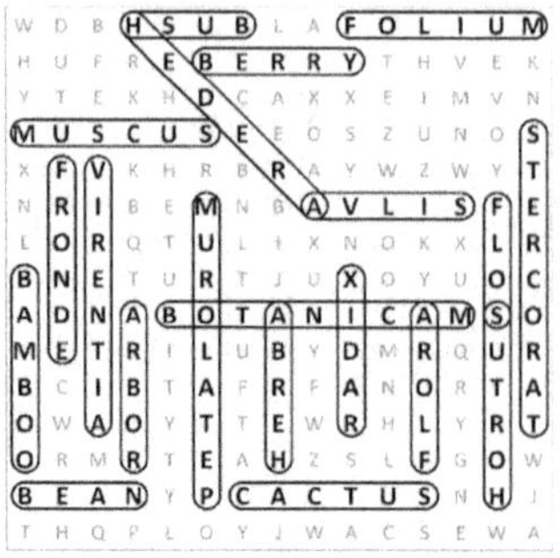

15 - Engenharia

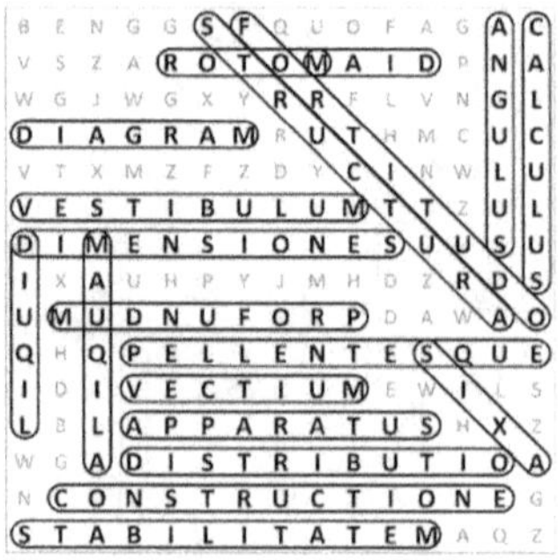

16 - Países #2

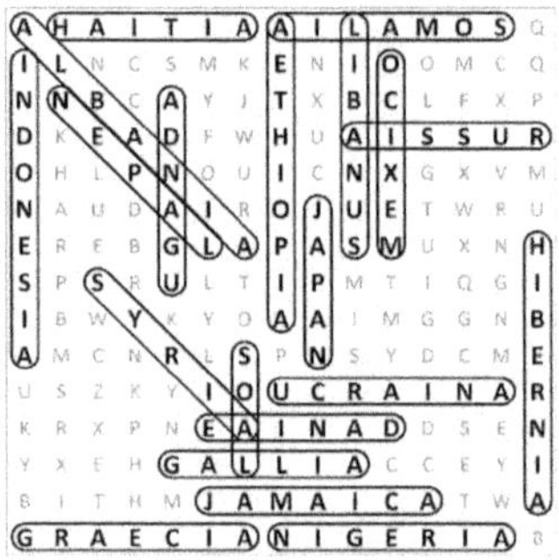

17 - Material de Arte

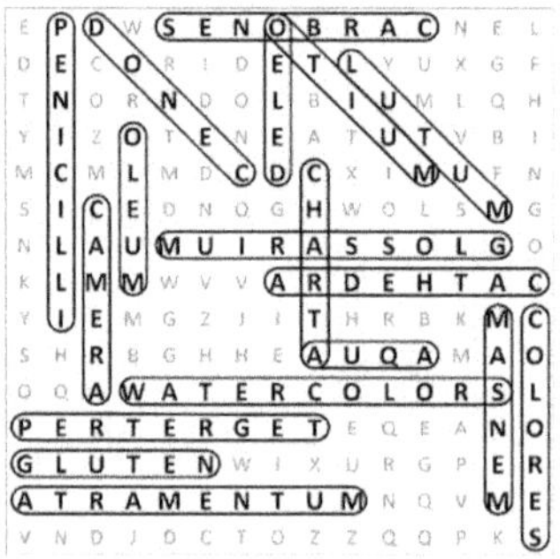

18 - Números

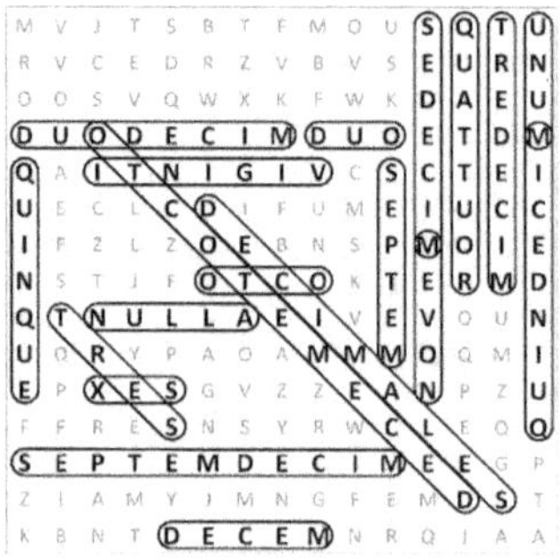

19 - Física

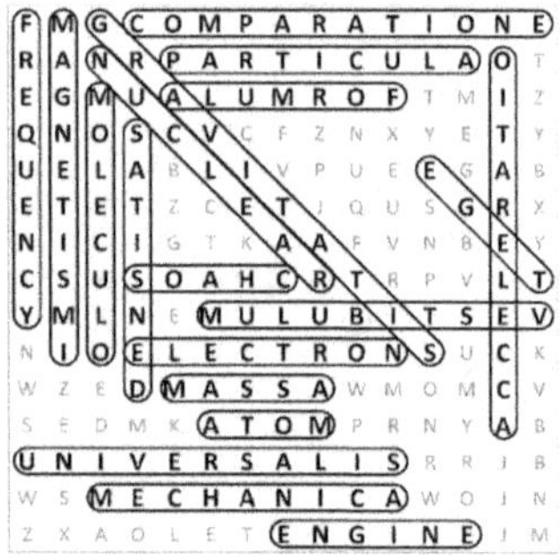

20 - Especiarias

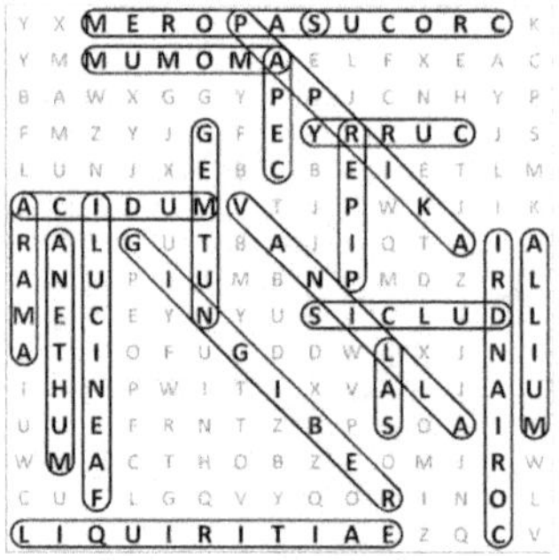

21 - Países #1

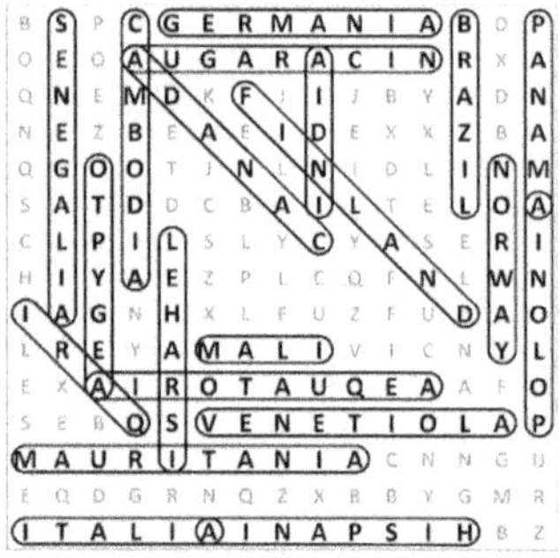

22 - Casa

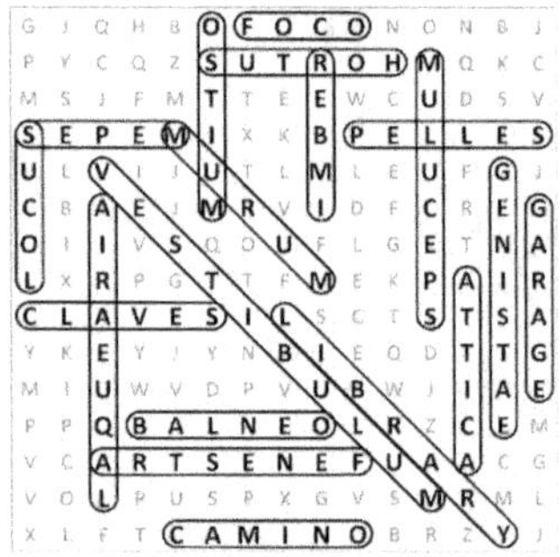

23 - Vegetais

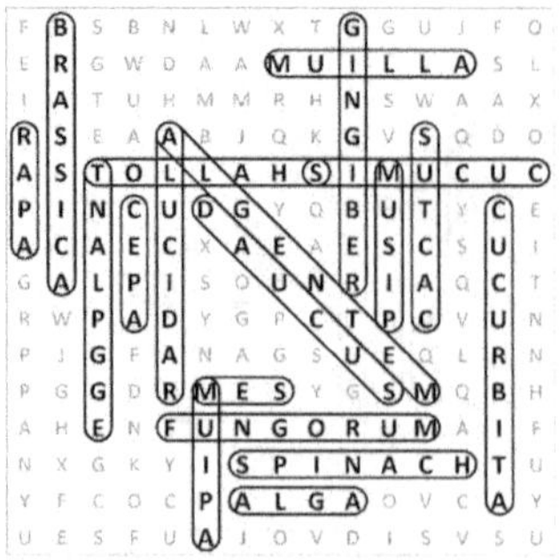

24 - Balé

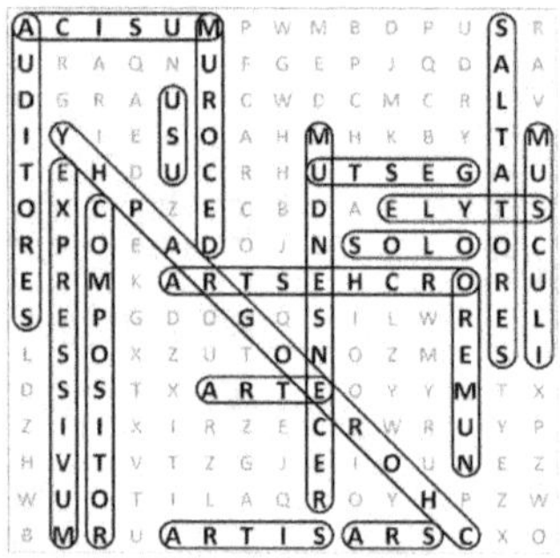

25 - Adjetivos #1

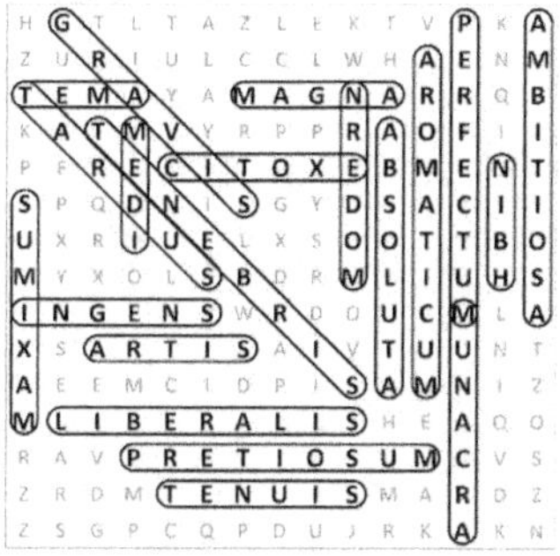

26 - Insetos

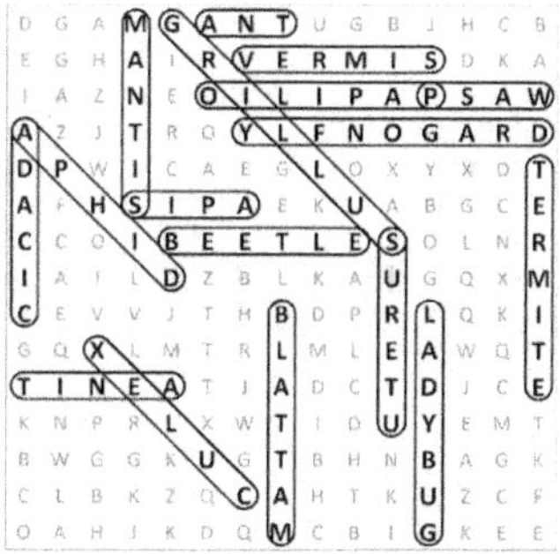

27 - Psicologia

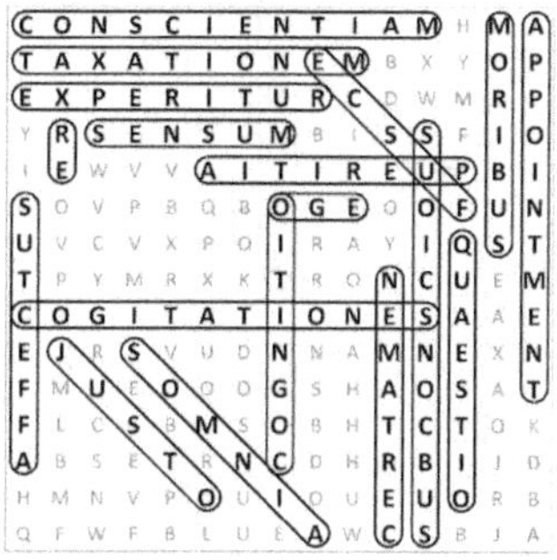

28 - Paisagens

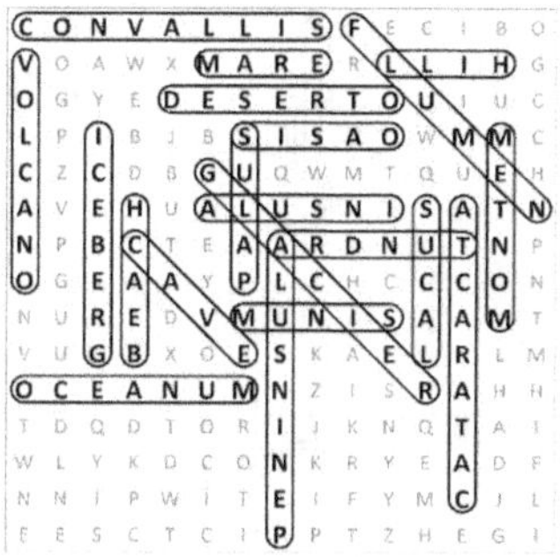

29 - Dança

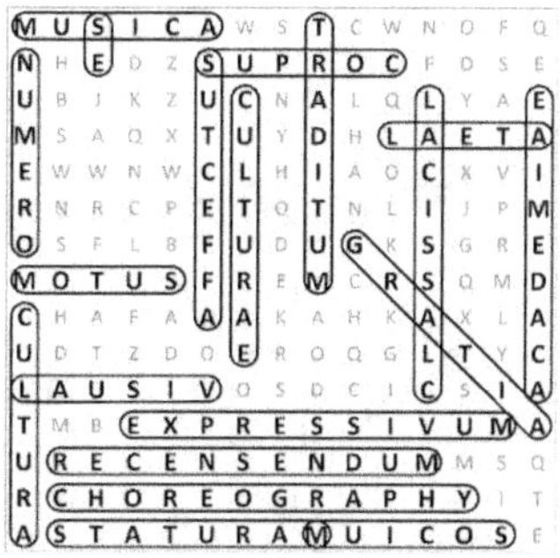

30 - Nutrição

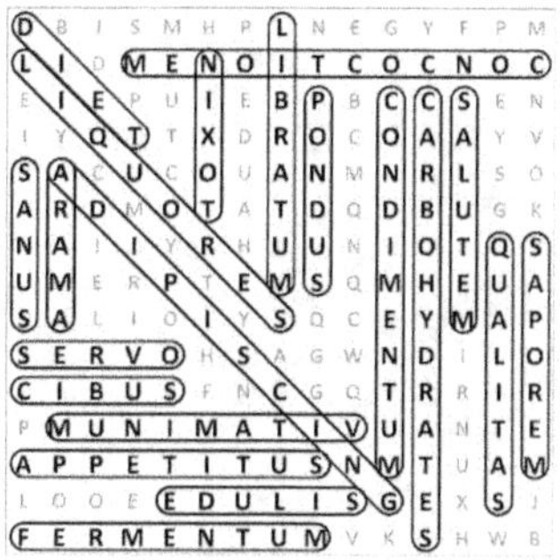

31 - Energia

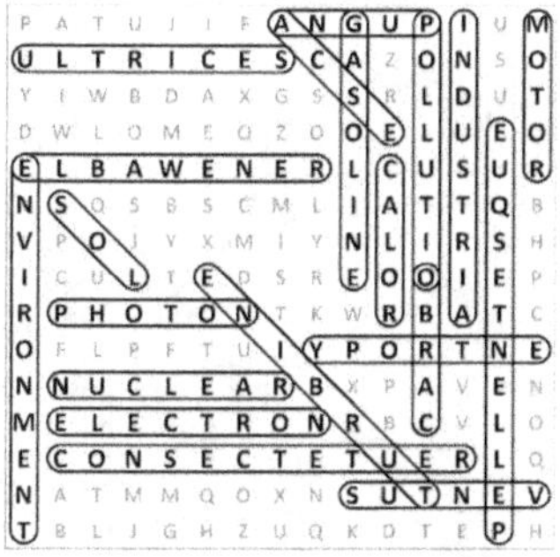

32 - Disciplinas Científicas

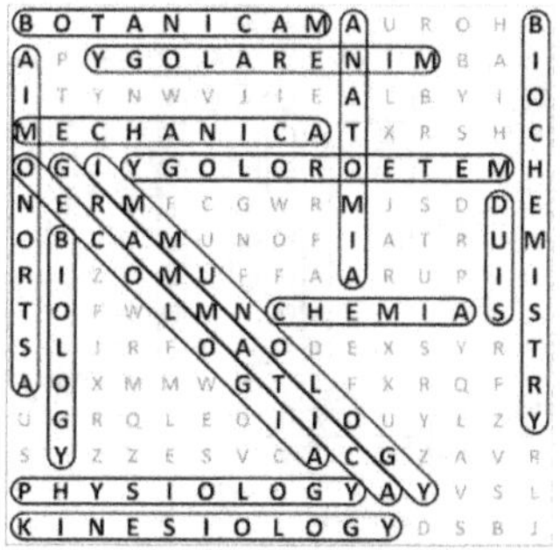

33 - Meditação

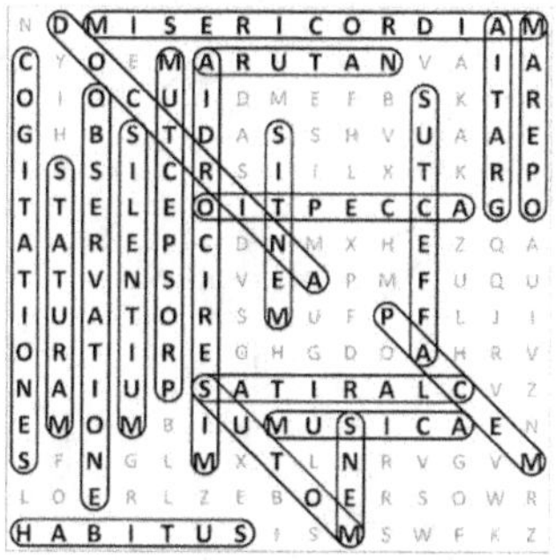

34 - Artes Visuais

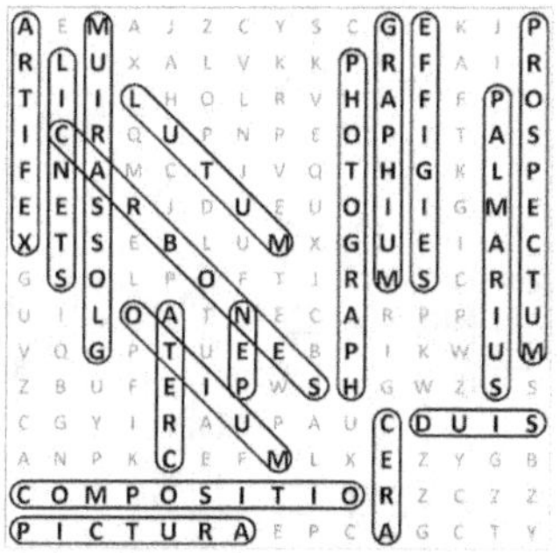

35 - Instrumentos Musicais

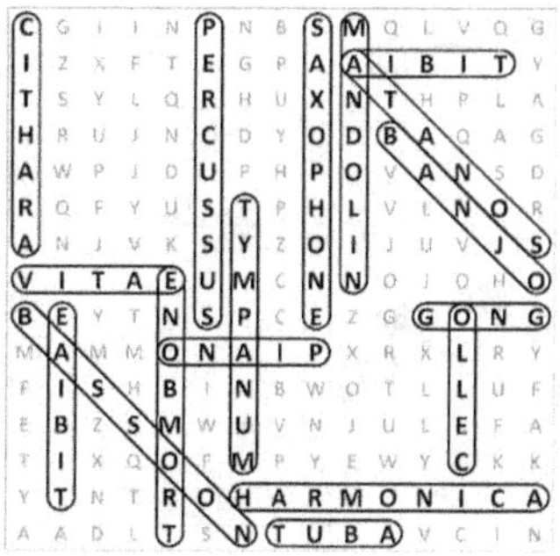

36 - Adjetivos #2

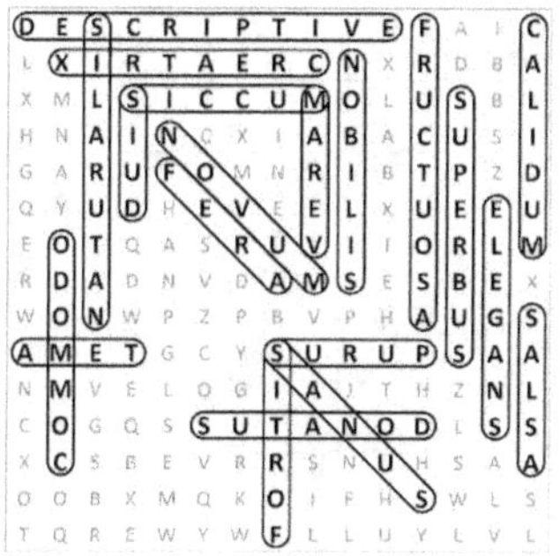

37 - Roupas

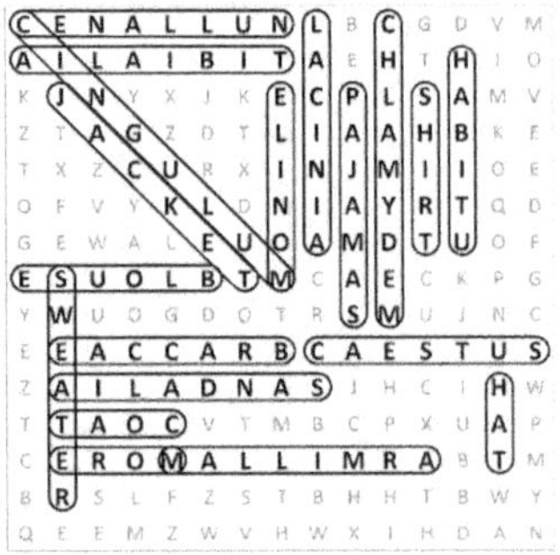

38 - Herbalismo

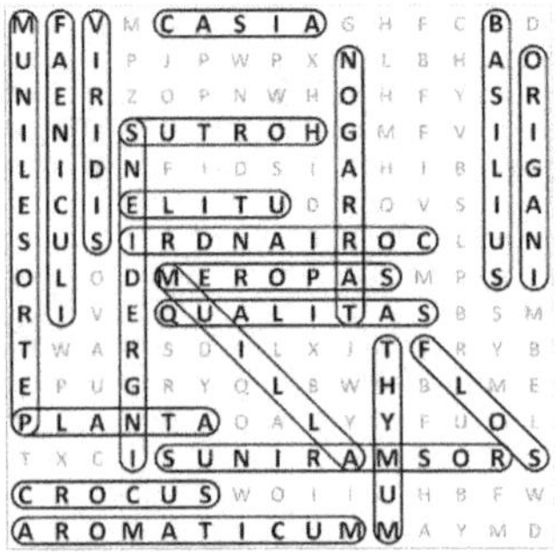

39 - Arqueologia

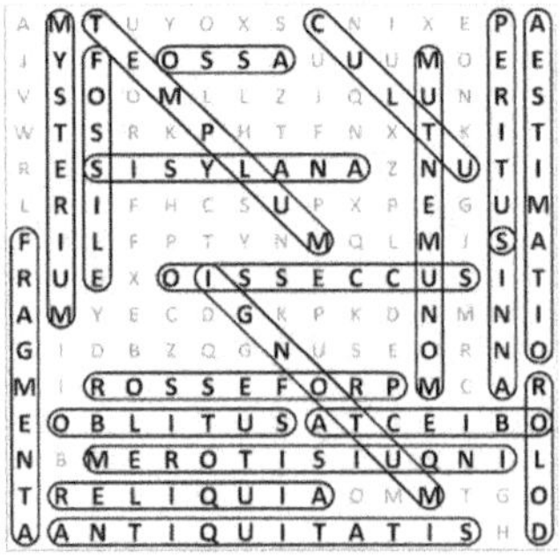

40 - Esporte

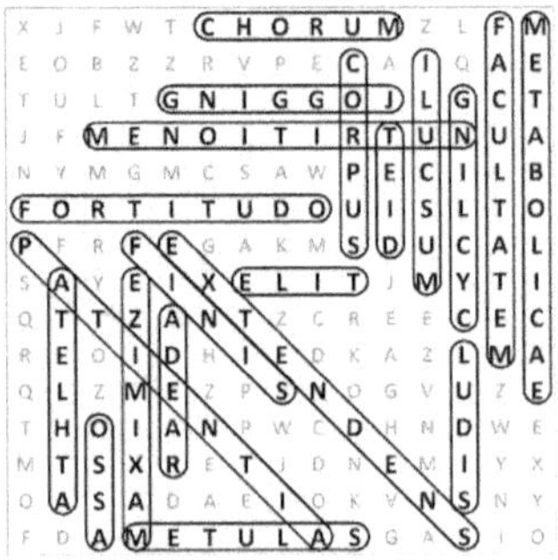

41 - Agronomia

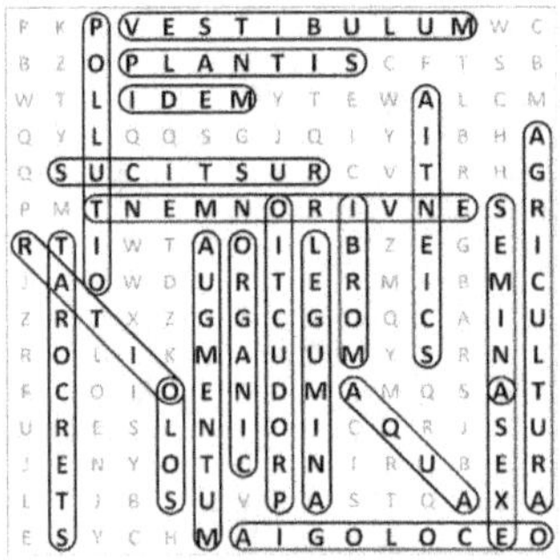

42 - Frutas

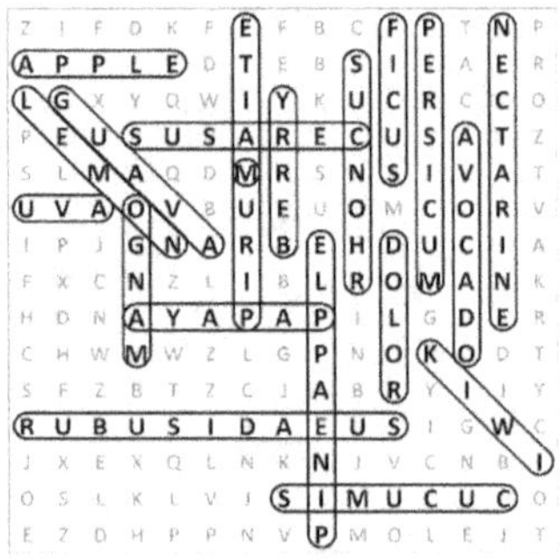

43 - Corpo Humano

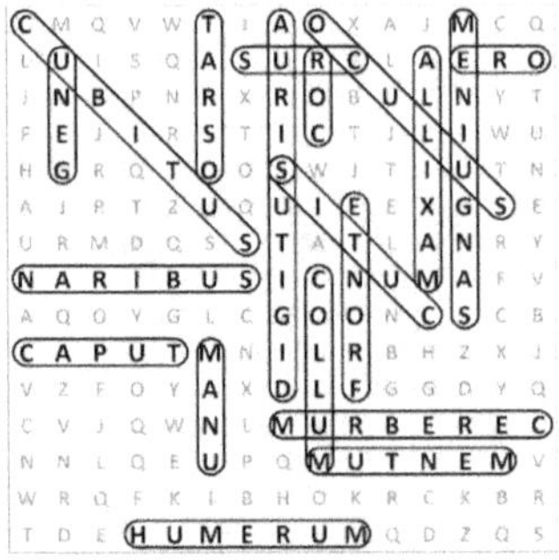

44 - Caminhada

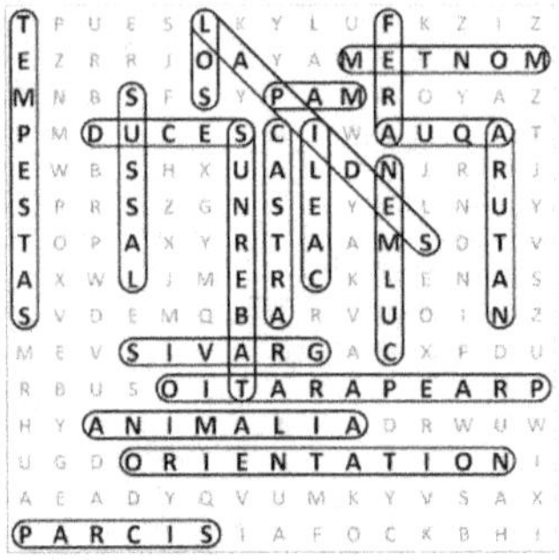

45 - Biologia

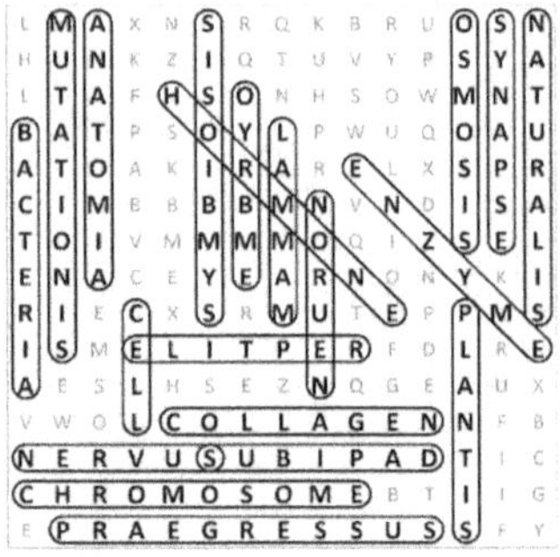

46 - Beleza

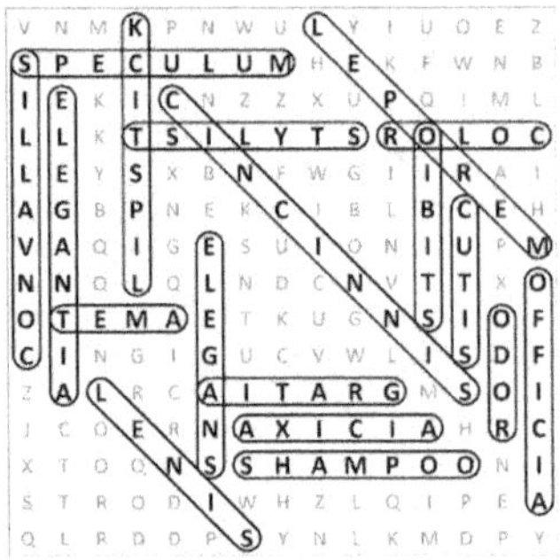

47 - Água

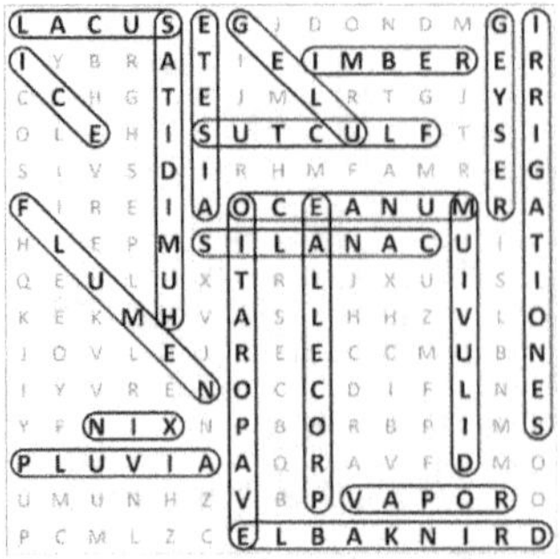

48 - Filantropia

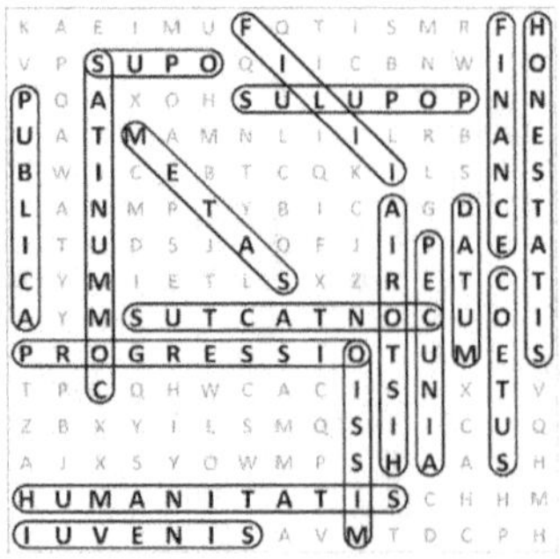

49 - Ecologia

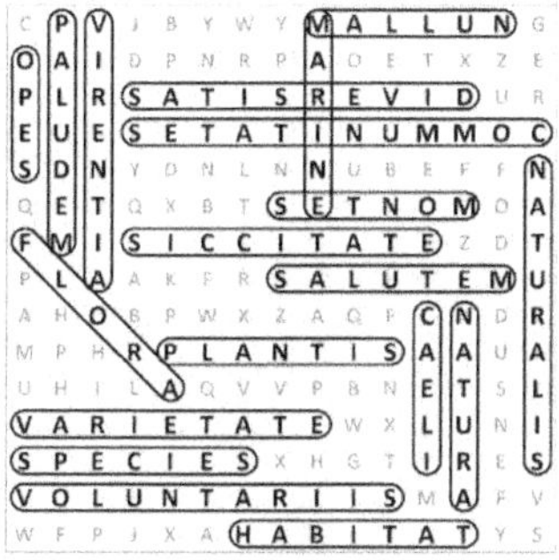

50 - Família

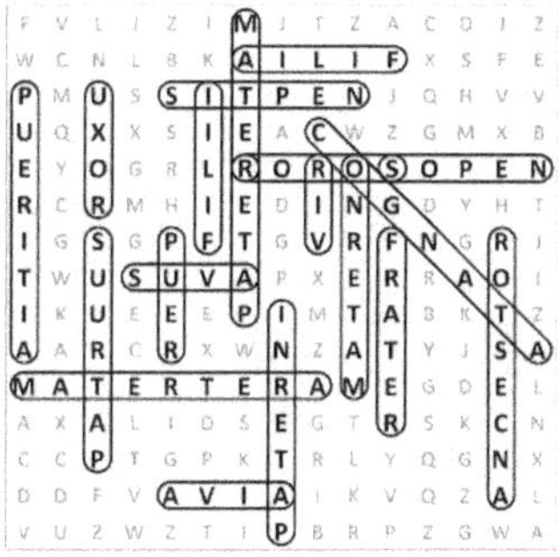

51 - Férias #2

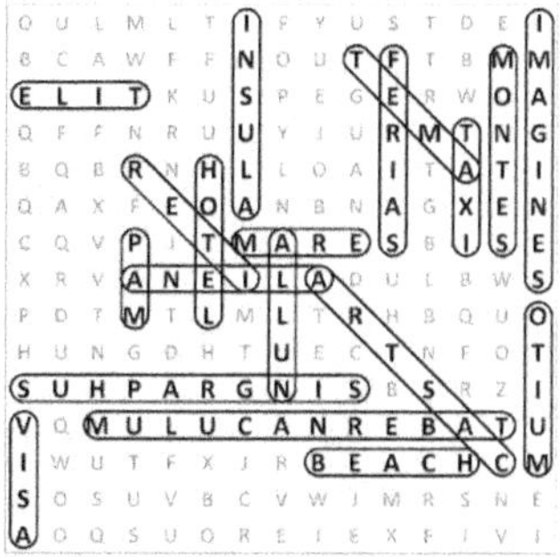

52 - Edifícios

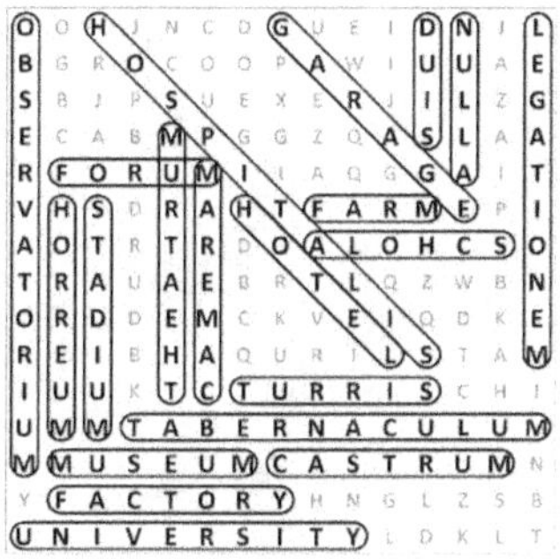

53 - Boxe

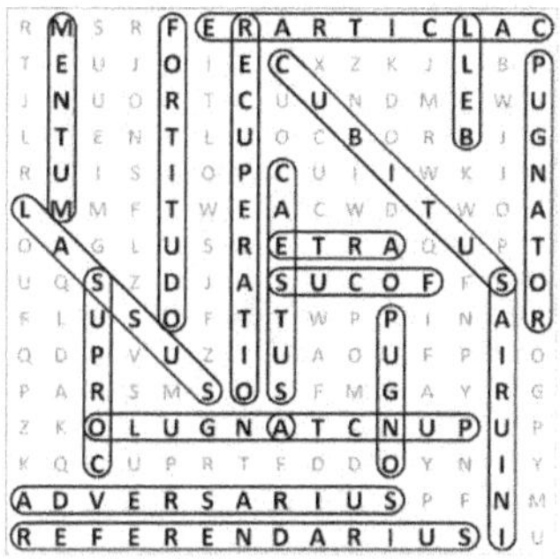

54 - Xadrez

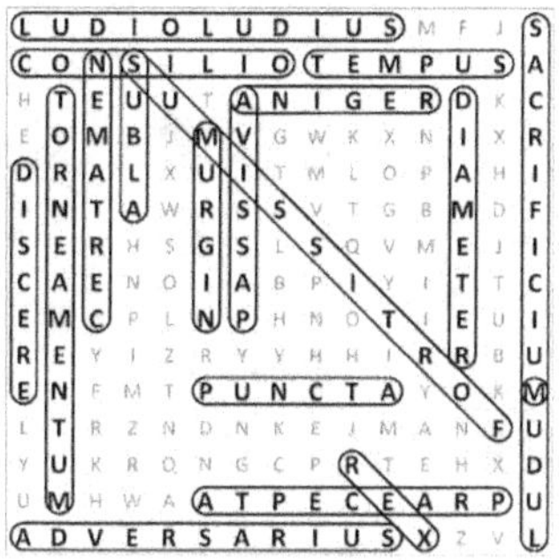

55 - Aventura

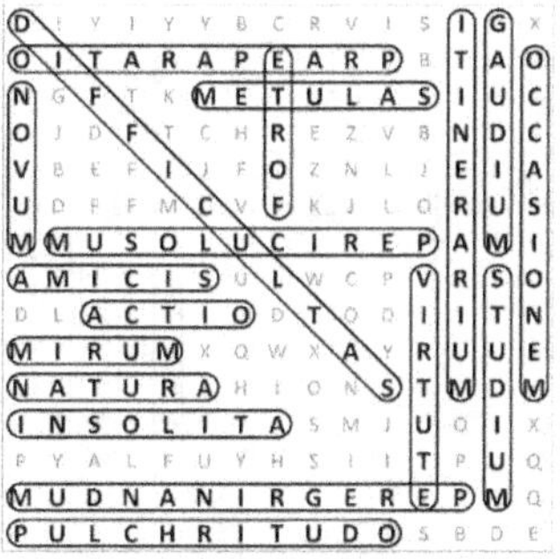

56 - Floresta Tropical

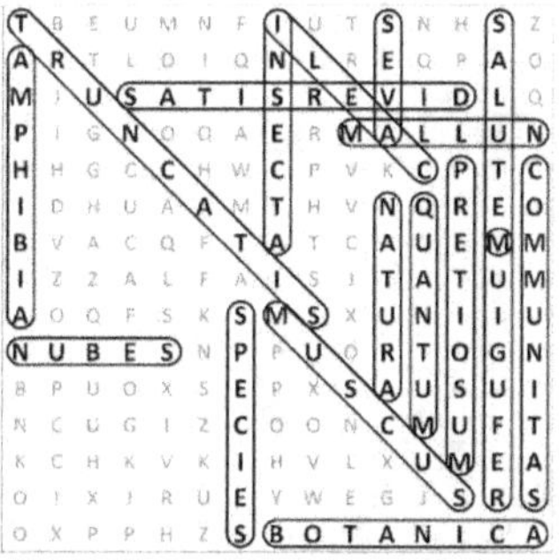

57 - Cidade

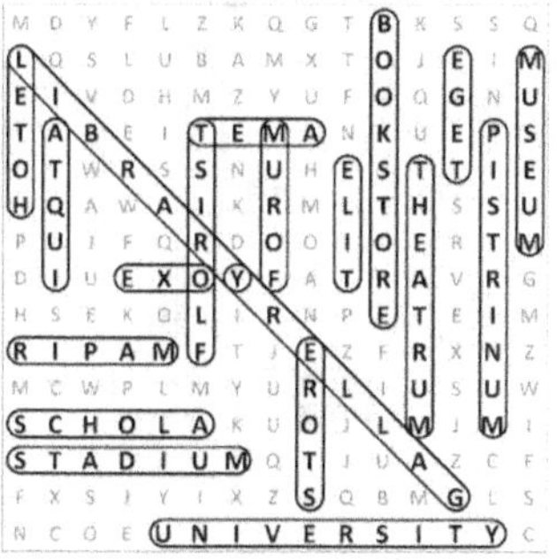

58 - Música

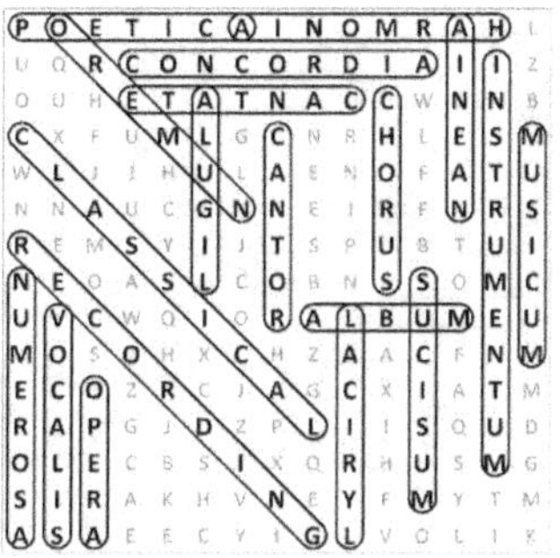

59 - Matemática

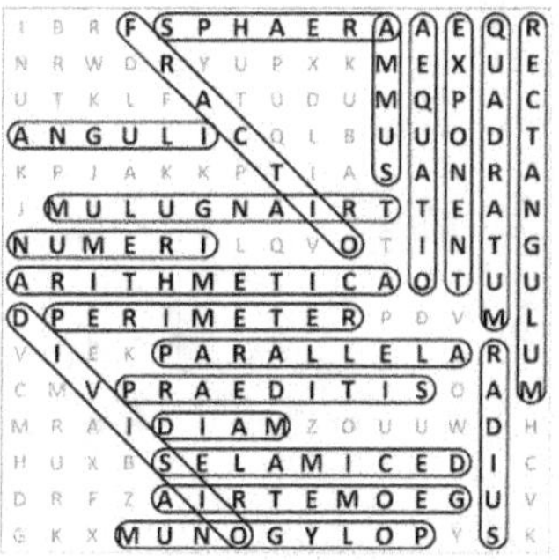

60 - Saúde e Bem Estar #1

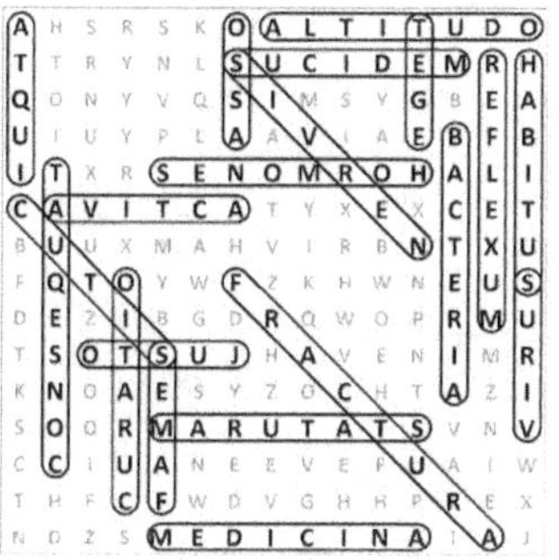

61 - Natureza

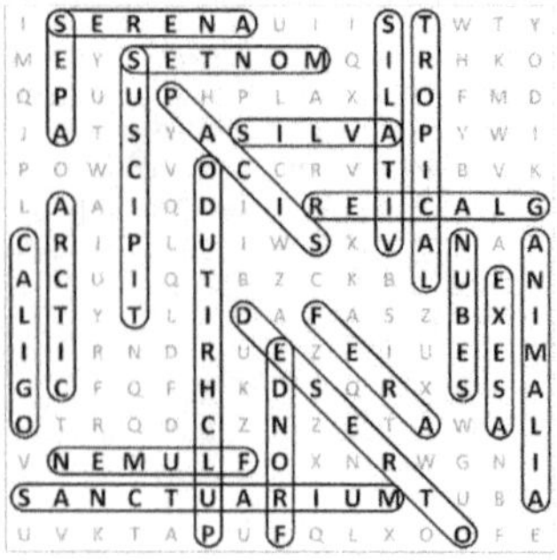

62 - Doença

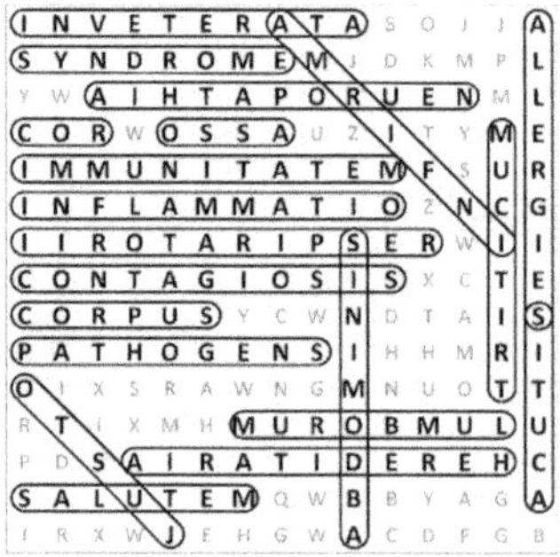

63 - Aquecimento Global

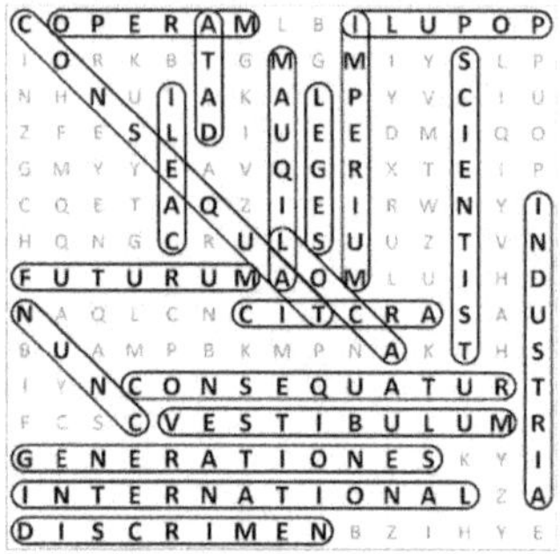

64 - Aviões

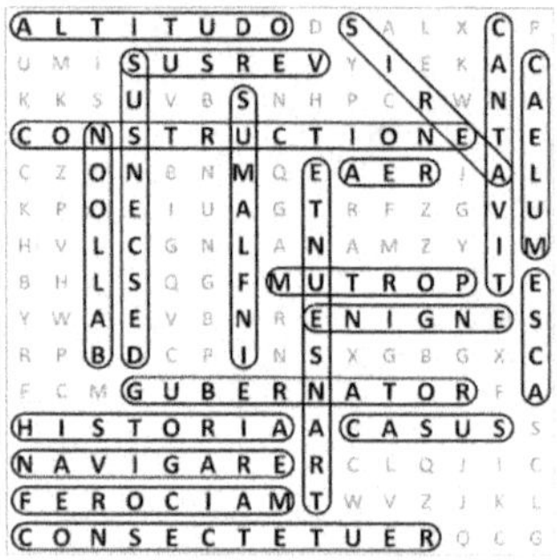

65 - Tipos de Cabelo

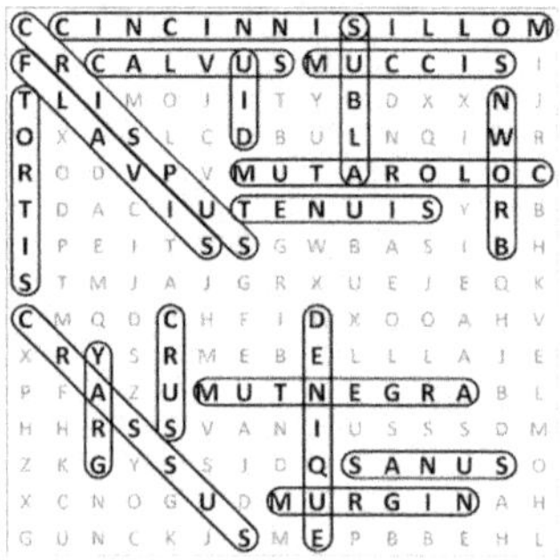

66 - Formas

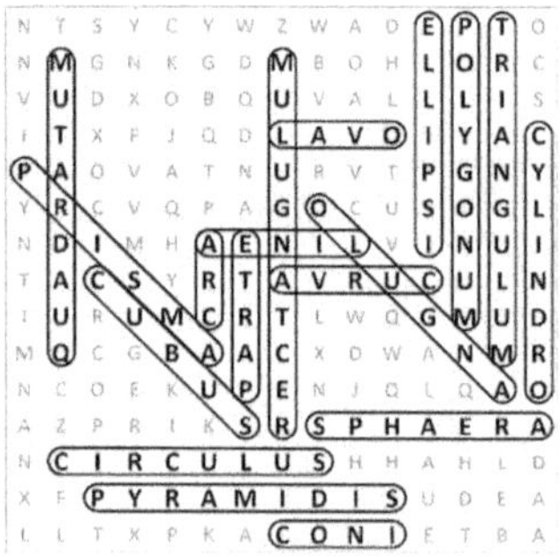

67 - Criatividade

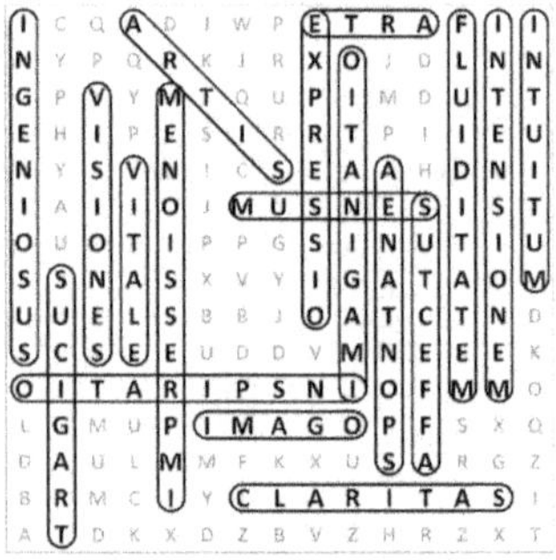

68 - Dias e Meses

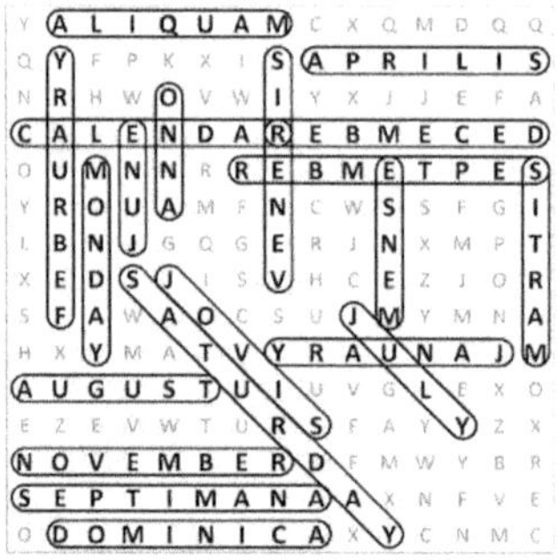

69 - Saúde e Bem Estar #2

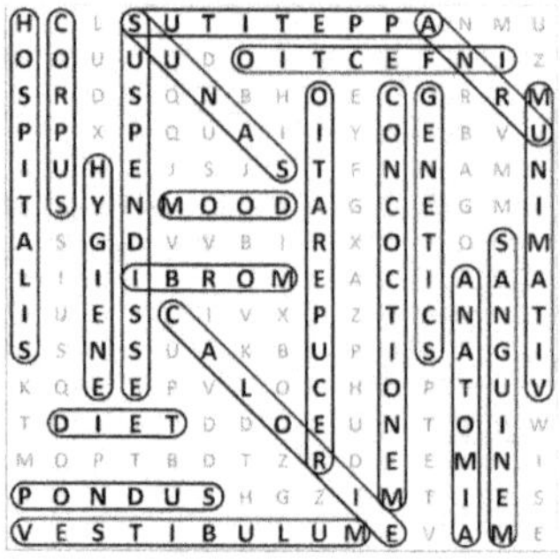

70 - Geografia

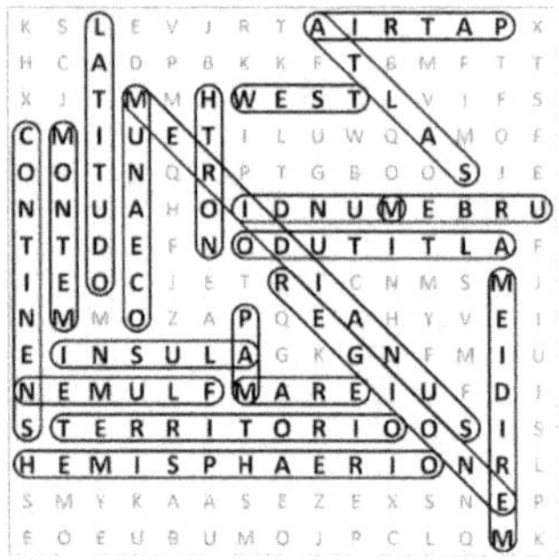

71 - Antártica

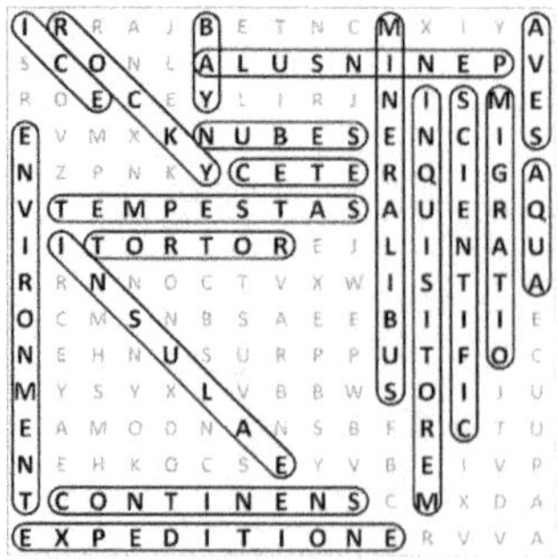

72 - Flores

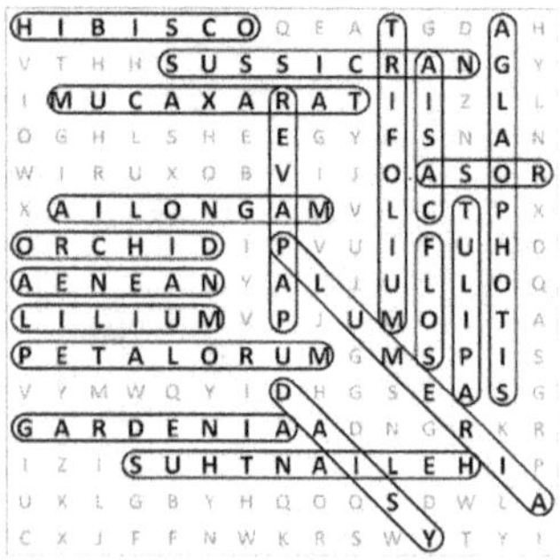

73 - Fazenda #1

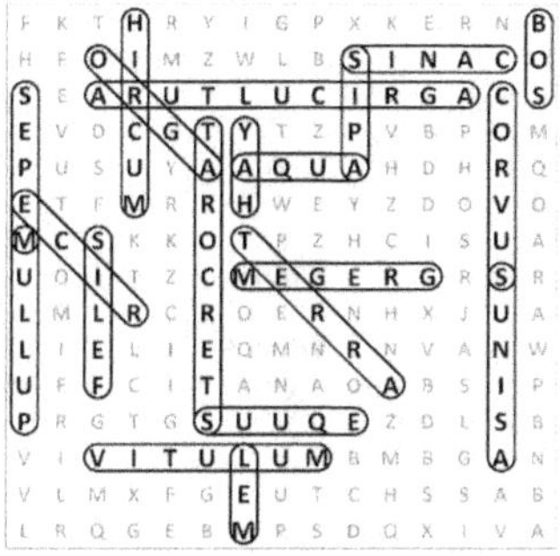

74 - Livros

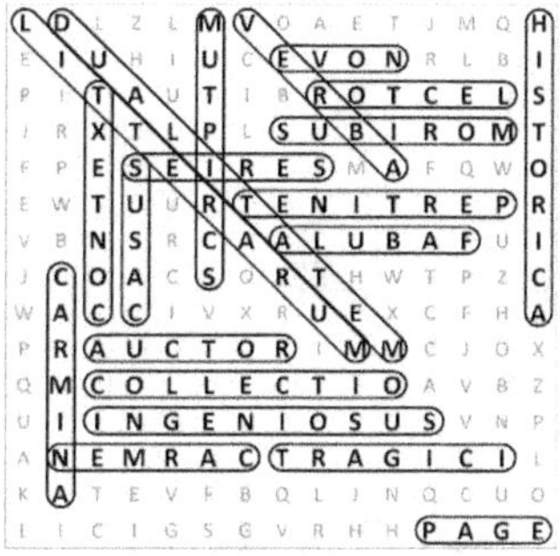

75 - Governo

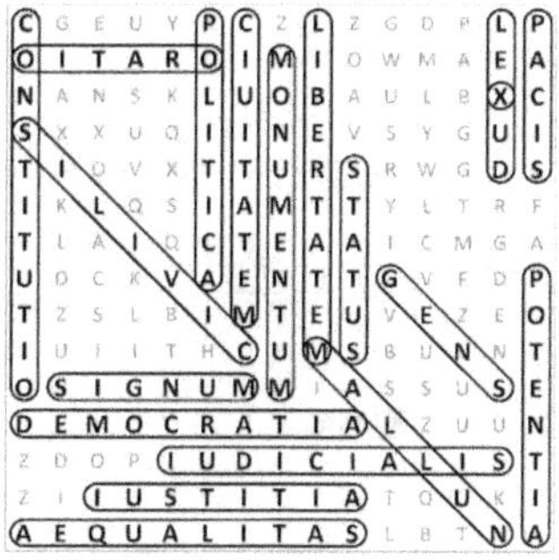

76 - Jardinagem

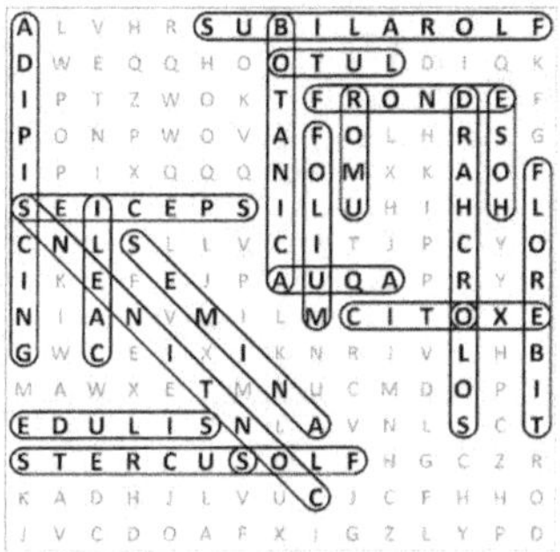

77 - Profissões #2

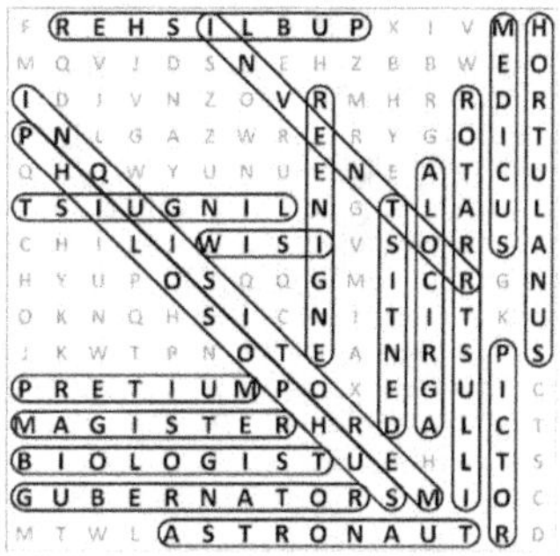

78 - Café

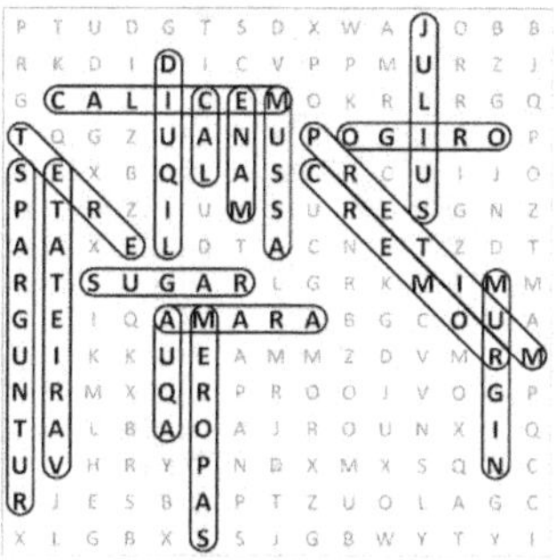

79 - Negócios

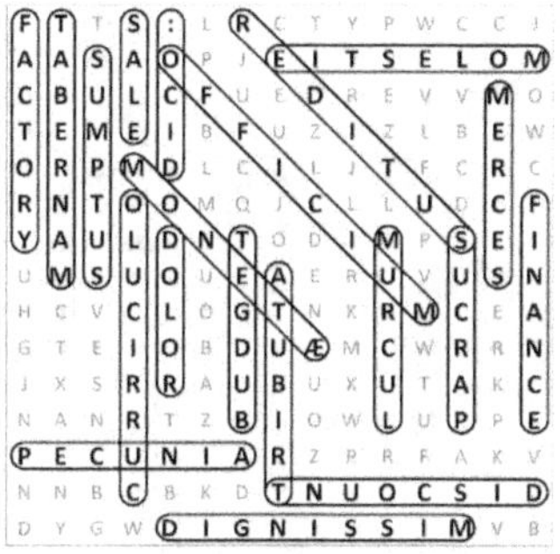

80 - Fazenda #2

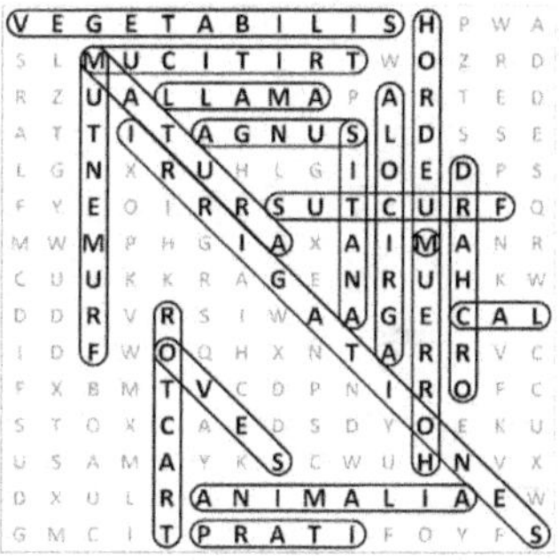

81 - Jardim

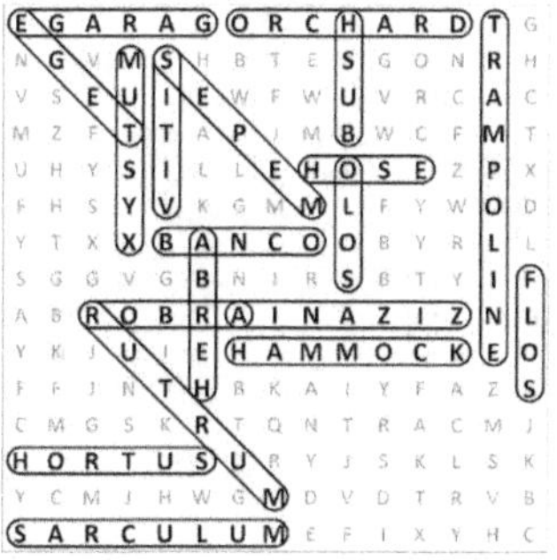

82 - Oceano

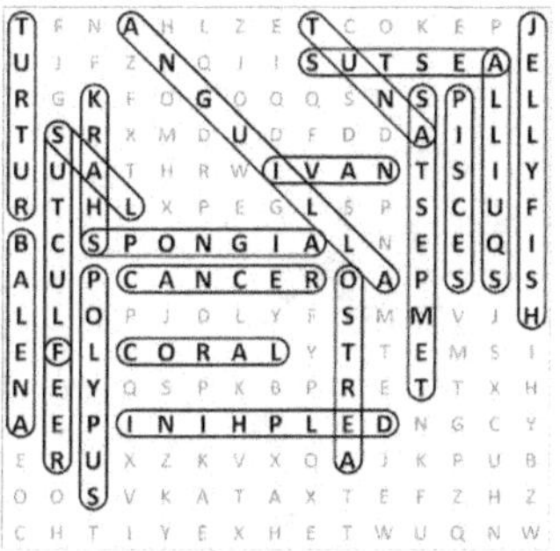

83 - Profissões #1

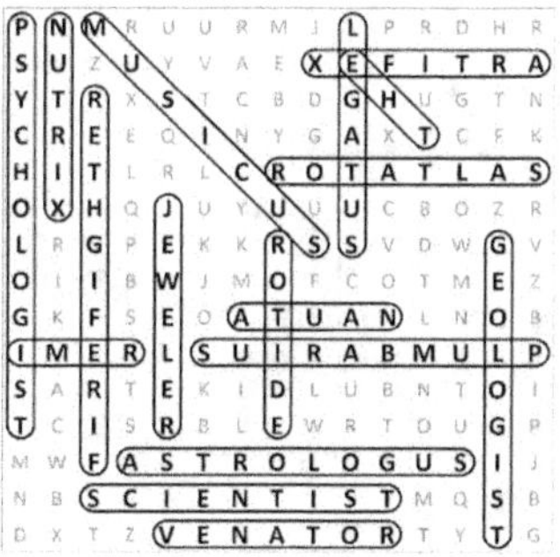

84 - Força e Gravidade

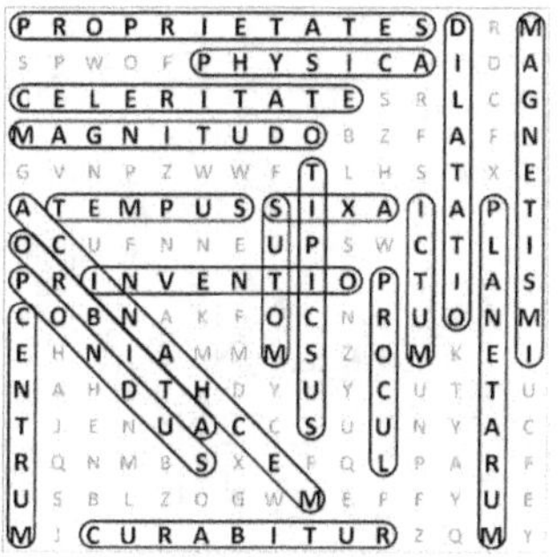

85 - Abelhas

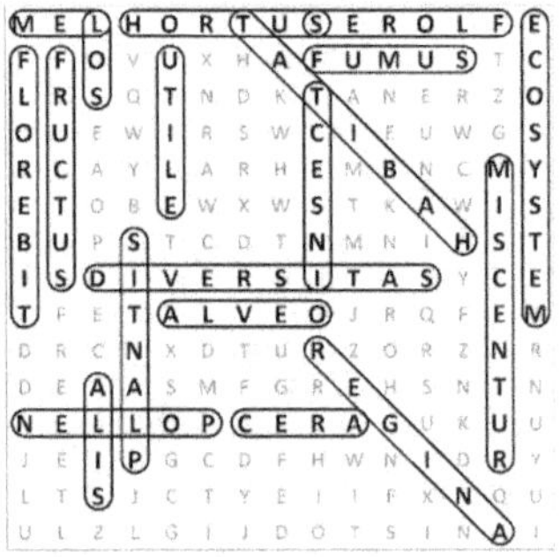

86 - Ciência

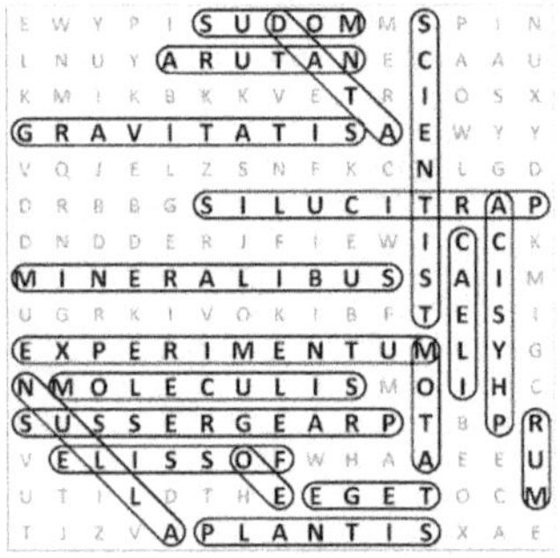

87 - Comida #1

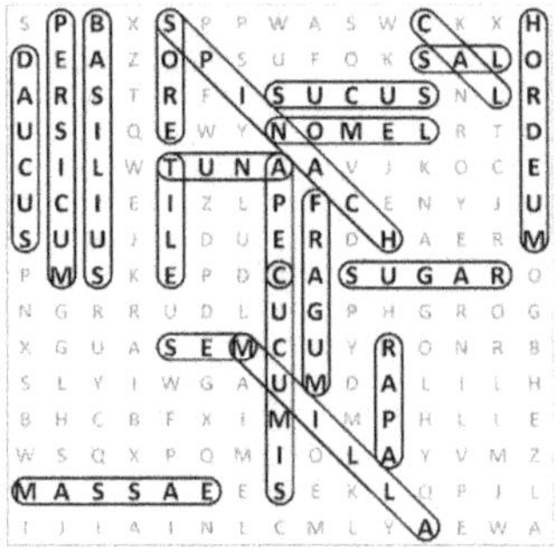

88 - Geometria

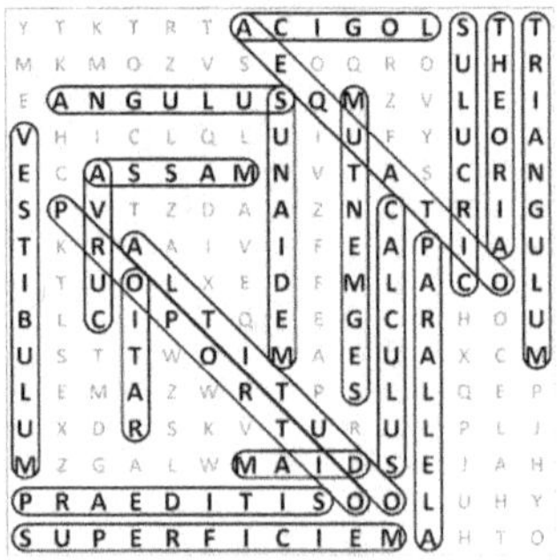

89 - Pássaros

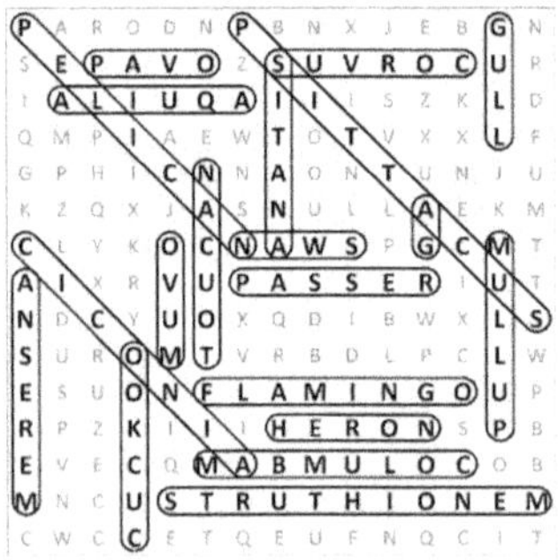

90 - Literatura

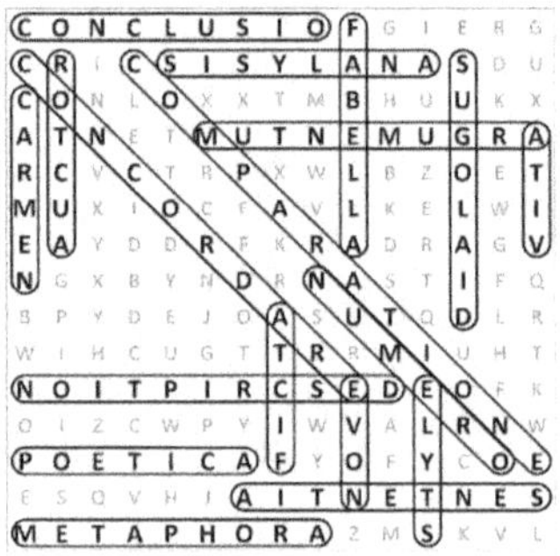

91 - Química

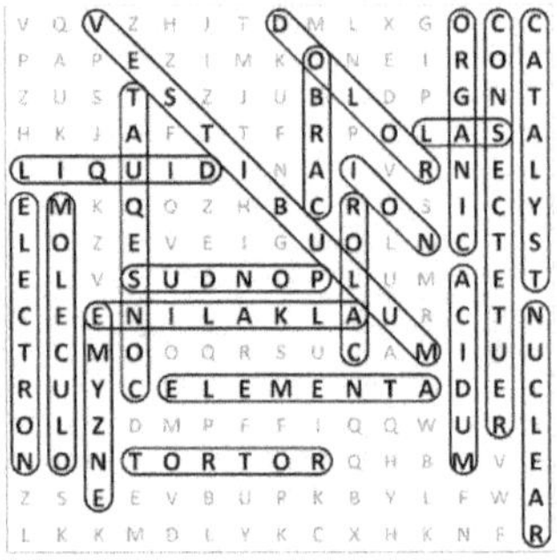

92 - Clima

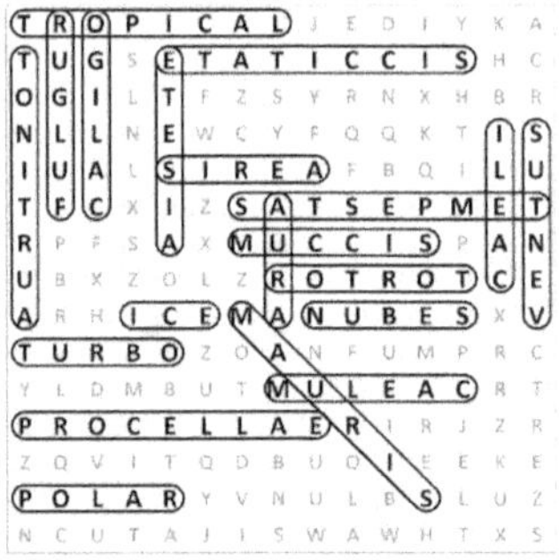

93 - Arte

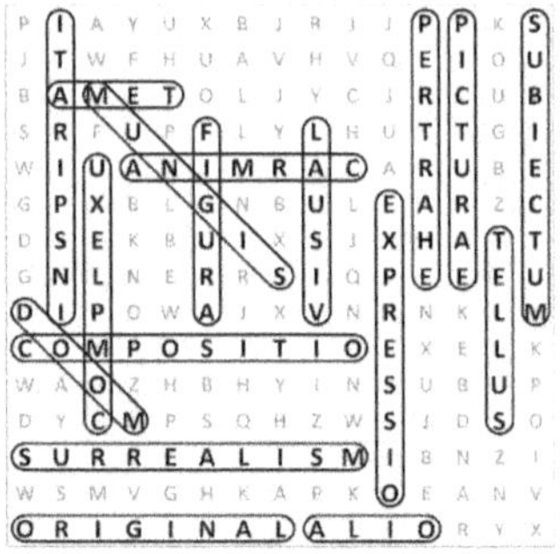

94 - Diplomacia

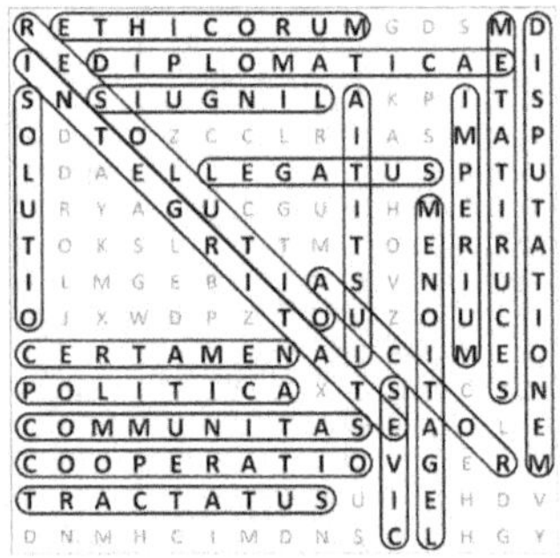

95 - Comida # 2

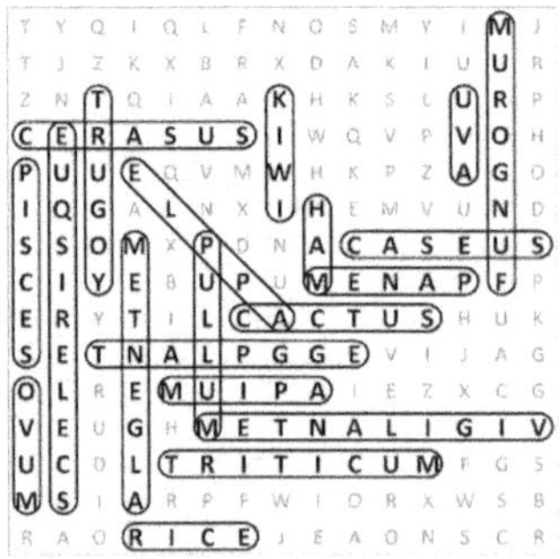

96 - Universo

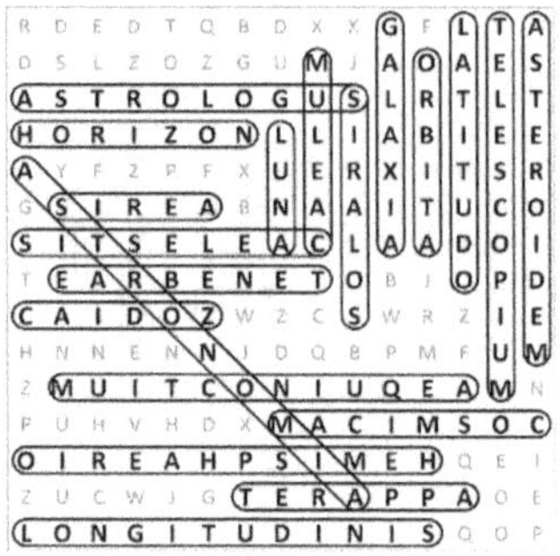

97 - Jazz

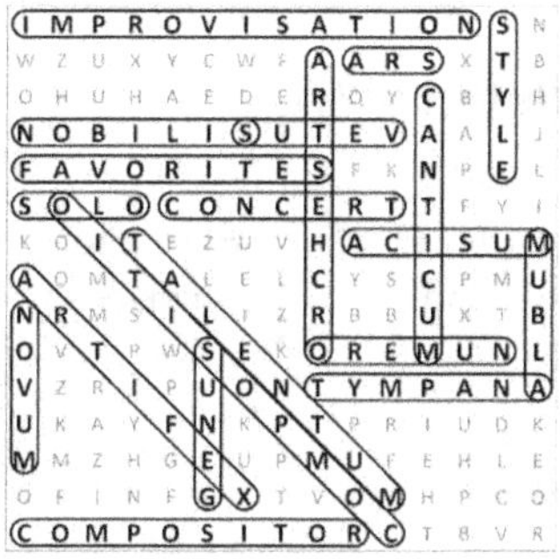

98 - Barcos

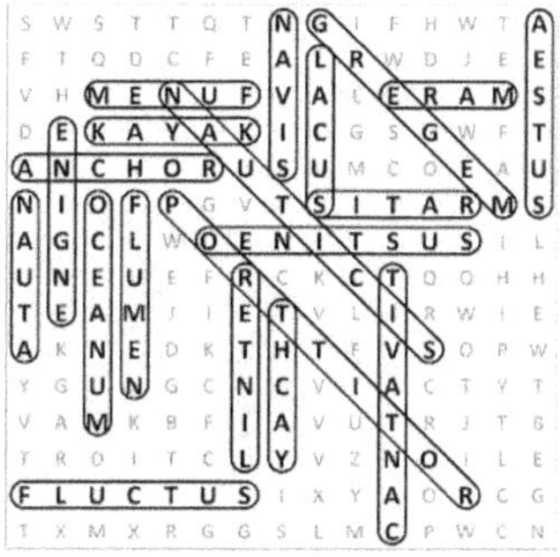

99 - Mamíferos

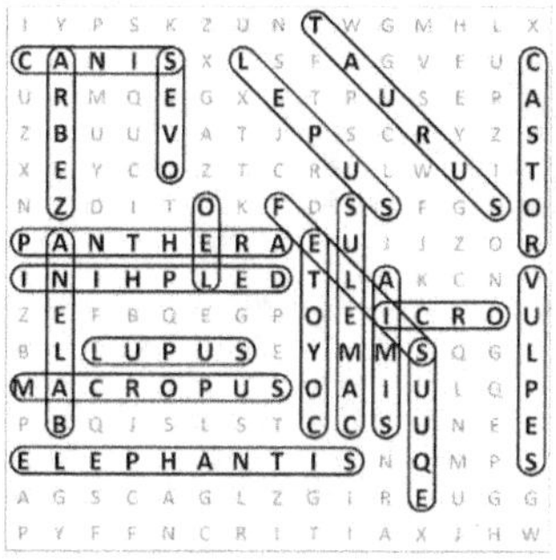

100 - Atividades e Lazer

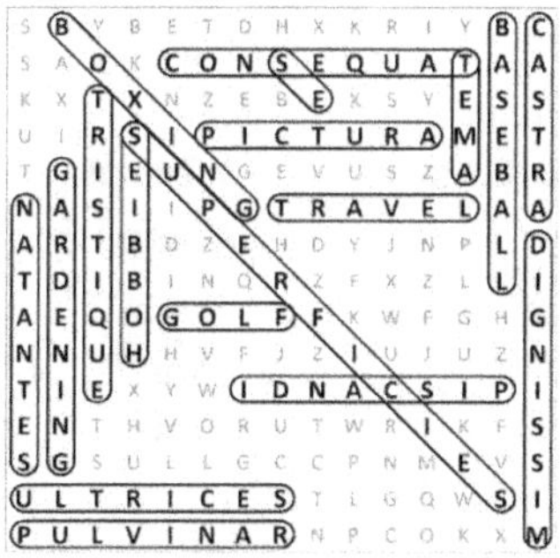

Dicionário

Abelhas
Apes

Asas	Alis
Benéfico	Utile
Cera	Cera
Colmeia	Alveo
Diversidade	Diversitas
Ecossistema	Ecosystem
Enxame	Miscentur
Flor	Florebit
Flores	Flores
Fruta	Fructus
Fumaça	Fumus
Habitat	Habitat
Inseto	Insect
Jardim	Hortus
Mel	Mel
Plantas	Plantis
Pólen	Pollen
Rainha	Regina
Sol	Sol

Acampamento
Castra

Animais	Animalia
Aventura	Casus
Árvores	Arbores
Bússola	Decima
Cabine	Cameram
Caça	Venatione
Canoa	Linter
Chapéu	Hat
Corda	Funem
Equipamento	Apparatu
Floresta	Silva
Fogo	Ignis
Inseto	Insect
Lago	Lacus
Lua	Luna
Maca	Hammock
Mapa	Map
Montanha	Montem
Natureza	Natura
Tenda	Tabernaculum

Adjetivos #1
Adiectiva #1

Absoluto	Absoluta
Ambicioso	Ambitiosa
Aromático	Aromaticum
Artístico	Artis
Atraente	Nibh
Enorme	Ingens
Escuro	Tenebris
Exótico	Exotic
Fino	Tenuis
Generoso	Liberalis
Grande	Magna
Honesto	Amet
Idêntico	Idem
Importante	Maximus
Lento	Tardus
Misterioso	Arcanum
Moderno	Modern
Perfeito	Perfectum
Pesado	Gravis
Valioso	Pretiosum

Adjetivos #2
Adiectiva #2

Autêntico	Veram
Criativo	Creatrix
Descritivo	Descriptive
Dotado	Donatus
Elegante	Elegans
Famoso	Nobilis
Forte	Fortis
Interessante	Commodo
Natural	Naturalis
Normal	Duis
Novo	Novum
Orgulhoso	Superbus
Produtivo	Fructuosa
Puro	Purus
Quente	Calidum
Responsável	Amet
Salgado	Salsa
Saudável	Sanus
Seco	Siccum
Selvagem	Fera

Agronomia
Agronomy

Agricultura	Agricultura
Ambiente	Environment
Água	Aqua
Ciência	Scientia
Crescimento	Augmentum
Doenças	Morbi
Ecologia	Oecologia
Energia	Vestibulum
Erosão	Exesa
Fertilizante	Stercorat
Identificação	Idem
Legumes	Legumina
Orgânico	Organic
Plantas	Plantis
Poluição	Pollutio
Produção	Productio
Rural	Rusticus
Sementes	Semina
Sistemas	Ratio
Solo	Solo

Antártica
Antarctica

Ambiente	Environment
Água	Aqua
Baía	Bay
Baleias	Cete
Científico	Scientific
Continente	Continens
Expedição	Expeditione
Gelo	Ice
Geografia	Geographia
Ilhas	Insulae
Investigador	Inquisitorem
Migração	Migratio
Minerais	Mineralibus
Nuvens	Nubes
Pássaros	Aves
Península	Peninsula
Rochoso	Rocky
Temperatura	Tortor
Tempo	Tempestas
Topografia	Topographia

Antiguidades
Antiques

Arte	Es
Autêntico	Veram
Condição	Conditio
Decorativo	Nullam
Décadas	Decades
Elegante	Elegans
Entusiasta	Fanaticus
Estilo	Style
Galeria	Gallery
Incomum	Insolita
Investimento	Dignissim
Item	Item
Mobiliário	Supellectilem
Moedas	Coins
Pinturas	Picturae
Preço	Pretium
Qualidade	Qualitas
Restauração	Restitutionem
Século	Century
Velho	Vetus

Aquecimento Global
Global Calefacientem

Agora	Nunc
Ambiental	Aliquam
Atenção	Operam
Ártico	Arctic
Cientista	Scientist
Clima	Caeli
Consequências	Consequatur
Crise	Discrimen
Dados	Data
Desenvolvimento	Consequat
Energia	Vestibulum
Futuro	Futurum
Gerações	Generationes
Governo	Imperium
Habitats	Loca
Indústria	Industria
Internacional	International
Legislação	Leges
Populações	Populi
Temperaturas	Temperaturis

Arqueologia
Antiquitatis

Análise	Analysis
Anos	Annis
Antiguidade	Antiquitatis
Avaliação	Aestimatio
Civilização	Cultu
Descendente	Successio
Desconhecido	Ignotum
Equipe	Dolor
Especialista	Peritus
Esquecido	Oblitus
Fóssil	Fossile
Fragmentos	Fragmenta
Investigador	Inquisitorem
Mistério	Mysterium
Objetos	Obiecta
Ossos	Ossa
Professor	Professor
Relíquia	Reliquia
Templo	Templum
Túmulo	Monumentum

Arte
Es

Cerâmica	Tellus
Complexo	Complexu
Composição	Compositio
Expressão	Expressio
Figura	Figura
Honesto	Amet
Humor	Mood
Inspirado	Inspirati
Original	Original
Pessoal	Alio
Pinturas	Picturae
Poesia	Carmina
Retratar	Pertrahe
Símbolo	Signum
Sujeito	Subiectum
Surrealismo	Surrealism
Visual	Visual

Artes Visuais
Artibus

Argila	Lutum
Arquitetura	Architectura
Artista	Artifex
Caneta	Pen
Carvão	Carbones
Cavalete	Otium
Cera	Cera
Composição	Compositio
Criatividade	Glossarium
Estêncil	Stencil
Filme	Duis
Fotografia	Photograph
Giz	Creta
Lápis	Graphium
Obra-Prima	Palmarius
Perspectiva	Prospectum
Pintura	Pictura
Retrato	Effigies

Astronomia
Astronomia

Asteróide	Asteroidem
Astronauta	Astronaut
Astrônomo	Astrologus
Céu	Caelum
Constelação	Sidus
Cosmos	Cosmos
Eclipse	Eclipsis
Equinócio	Aequinoctium
Foguete	Eruca
Gravidade	Gravitatis
Lua	Luna
Meteoro	Meteoron
Nebulosa	Nebula
Observatório	Observatorium
Planeta	Planeta
Radiação	Radialis
Solar	Solaris
Supernova	Supernova
Terra	Terra
Universo	Universi

Atividades e Lazer
Operationes et Otium

Acampamento	Castra
Arte	Es
Basquete	Ultrices
Beisebol	Baseball
Boxe	Boxing
Futebol	Dignissim
Golfe	Golf
Hobbies	Hobbies
Jardinagem	Gardening
Mergulho	Consequat
Natação	Natantes
Pesca	Piscandi
Pintura	Pictura
Relaxante	Amet
Surfe	Superficies
Tênis	Tristique
Viagem	Travel
Voleibol	Pulvinar

Aventura
Casus

Alegria	Gaudium
Amigos	Amicis
Atividade	Actio
Beleza	Pulchritudo
Bravura	Virtute
Chance	Forte
Dificuldade	Difficultas
Entusiasmo	Studium
Excursão	Peregrinandum
Incomum	Insolita
Itinerário	Itinerarium
Natureza	Natura
Navegação	Navigationem
Novo	Novum
Oportunidade	Occasionem
Perigoso	Periculosum
Preparação	Praeparatio
Segurança	Salutem
Surpreendente	Mirum

Aviões
Airplanes

Altura	Altitudo
Ar	Aer
Aterrissagem	Portum
Atmosfera	Aeris
Aventura	Casus
Balão	Balloon
Céu	Caelum
Combustível	Esca
Construção	Constructione
Descida	Descensus
Direção	Versus
Hidrogênio	Consectetuer
História	Historia
Inflar	Inflamus
Motor	Engine
Navegar	Navigare
Passageiro	Transeunte
Piloto	Gubernator
Tripulação	Cantavit
Turbulência	Ferociam

Água
Aqua

Canal	Canalis
Chuva	Pluvia
Chuveiro	Imber
Evaporação	Evaporatio
Furacão	Procellae
Geada	Gelu
Gelo	Ice
Geyser	Geyser
Inundação	Diluvium
Irrigação	Irrigationes
Lago	Lacus
Monção	Etesia
Neve	Nix
Oceano	Oceanum
Ondas	Fluctus
Potável	Drinkable
Rio	Flumen
Umidade	Humiditas
Vapor	Vapor

Álgebra
Algebra

Diagrama	Diagram
Equação	Aequatio
Expoente	Exponent
Falso	Falsum
Fator	Factor
Fórmula	Formula
Fração	Fractio
Infinito	Infinita
Linear	Linearibus
Matriz	Matrix
Número	Numerus
Parêntese	Parenthesis
Problema	Quaestio
Quantidade	Quantitas
Simplificar	Aliquam
Solução	Solutio
Soma	Summa
Subtração	Subtraction
Variável	Variabilis
Zero	Nulla

Balé
Talarium

Artístico	Artis
Compositor	Compositor
Coreografia	Choreography
Dançarinos	Saltatores
Ensaio	Recensendum
Estilo	Style
Expressivo	Expressivum
Gesto	Gestu
Gracioso	Decorum
Habilidade	Arte
Intensidade	Intensionem
Músculos	Musculi
Música	Musica
Orquestra	Orchestra
Prática	Usu
Público	Auditores
Ritmo	Numero
Solo	Solo
Técnica	Ars

Barcos
Navibus

Âncora	Anchor
Balsa	Porttitor
Bóia	Sustineo
Caiaque	Kayak
Canoa	Linter
Corda	Funem
Doca	Gregem
Iate	Yacht
Jangada	Ratis
Lago	Lacus
Mar	Mare
Maré	Aestus
Marinheiro	Nauta
Motor	Engine
Náutico	Nauticis
Oceano	Oceanum
Ondas	Fluctus
Rio	Flumen
Tripulação	Cantavit
Veleiro	Navis

Beleza
Pulchritudo

Batom	Lipstick
Cachos	Cincinnis
Charme	Leporem
Cor	Color
Cosméticos	Stibio
Elegante	Elegans
Elegância	Elegantia
Espelho	Speculum
Estilista	Stylist
Fotogênico	Amet
Fragrância	Odor
Graça	Gratia
Pele	Cutis
Rímel	Convallis
Serviços	Officia
Suave	Lenis
Tesoura	Axicia
Xampu	Shampoo

Biologia
Biology

Anatomia	Anatomia
Bactérias	Bacteria
Célula	Cell
Colagénio	Collagen
Cromossoma	Chromosome
Embrião	Embryo
Enzima	Enzyme
Evolução	Praegressus
Hormona	Hormone
Mamífero	Mammal
Mutação	Mutationis
Natural	Naturalis
Nervo	Nervus
Neurônio	Neuron
Osmose	Osmosis
Plantas	Plantis
Proteína	Dapibus
Réptil	Reptile
Simbiose	Symbiosis
Sinapse	Synapse

Boxe
Boxing

Árbitro	Referendarius
Canto	Angulo
Chutar	Calcitrare
Corpo	Corpus
Cotovelo	Cubitus
Exausta	Lassus
Foco	Focus
Força	Fortitudo
Habilidade	Arte
Lesões	Iniurias
Lutador	Pugnator
Luvas	Caestus
Oponente	Adversarius
Pontos	Puncta
Punho	Pugno
Queixo	Mentum
Recuperação	Recuperatio
Sino	Bell

Café
Capulus

Açúcar	Sugar
Amargo	Amara
Assado	Assum
Água	Aqua
Cafeína	Julius
Copa	Calicem
Creme	Cremor
Filtro	Sparguntur
Leite	Lac
Líquido	Liquid
Manhã	Mane
Moer	Tere
Origem	Origo
Preço	Pretium
Preto	Nigrum
Sabor	Saporem
Variedade	Varietate

Caminhada
Hiking

Acampamento	Castra
Animais	Animalia
Água	Aqua
Botas	Tabernus
Cansado	Lassus
Clima	Caeli
Cume	Culmen
Guias	Duces
Mapa	Map
Montanha	Montem
Natureza	Natura
Orientação	Orientation
Parques	Parcis
Pedras	Lapides
Pesado	Gravis
Preparação	Praeparatio
Selvagem	Fera
Sol	Sol
Tempo	Tempestas

Casa
Domus

Banheiro	Balneo
Biblioteca	Library
Cerca	Sepem
Chaminé	Camino
Chaves	Claves
Chuveiro	Imber
Cortinas	Pelles
Cozinha	Vestibulum
Espelho	Speculum
Garagem	Garage
Janela	Fenestra
Jardim	Hortus
Lareira	Foco
Mobiliário	Supellectilem
Parede	Murum
Porta	Ostium
Quarto	Locus
Sótão	Attica
Teto	Laquearia
Vassoura	Genistae

Churrascos
Barbecues

Amigos	Amicis
Cebolas	Cepe
Crianças	Filii
Família	Familia
Fome	Fames
Frango	Pullum
Fruta	Fructus
Grelha	Craticulam
Jantar	Prandium
Jogos	Ludos
Legumes	Legumina
Molho	Condimentum
Música	Musica
Pimenta	Piper
Quente	Calidum
Sal	Sal
Saladas	Potenti
Tabelas	Tabulas
Tomates	Tomatoes
Verão	Aestate

Cidade
Oppidum

Aeroporto	Elit
Banco	Ripam
Biblioteca	Library
Clínica	Eget
Escola	Schola
Estádio	Stadium
Farmácia	Atqui
Florista	Florist
Galeria	Gallery
Hotel	Hotel
Jardim Zoológico	Exo
Livraria	Bookstore
Loja	Store
Museu	Museum
Padaria	Pistrinum
Restaurante	Amet
Supermercado	Forum
Teatro	Theatrum
Universidade	University

Ciência
Scientia

Átomo	Atom
Cientista	Scientist
Clima	Caeli
Dados	Data
Evolução	Praegressus
Experiência	Experimentum
Fato	Eo
Física	Physica
Fóssil	Fossile
Gravidade	Gravitatis
Hipótese	Rum
Laboratório	Nulla
Método	Modus
Minerais	Mineralibus
Moléculas	Moleculis
Natureza	Natura
Observação	Observatione
Partículas	Particulis
Plantas	Plantis
Químico	Eget

Clima
Tempestas

Arco-Íris	Mauris
Atmosfera	Aeris
Brisa	Aura
Céu	Caelum
Clima	Caeli
Furacão	Procellae
Gelo	Ice
Monção	Etesia
Nevoeiro	Caligo
Nuvem	Nubes
Polar	Polar
Relâmpago	Fulgur
Seca	Siccitate
Seco	Siccum
Temperatura	Tortor
Tempestade	Tempestas
Tornado	Turbo
Tropical	Tropical
Trovão	Tonitrua
Vento	Ventus

Comida # 2
Cibum #2

Aipo	Apium
Alcachofra	Cactus
Amêndoa	Vigilantem
Arroz	Rice
Beringela	Eggplant
Brócolis	Algentem
Cereja	Cerasus
Chocolate	Scelerisque
Cogumelo	Fungorum
Frango	Pullum
Iogurte	Yogurt
Kiwi	Kiwi
Maçã	Apple
Ovo	Ovum
Pão	Panem
Peixe	Pisces
Presunto	Ham
Queijo	Caseus
Trigo	Triticum
Uva	Uva

Comida #1
Cibum #1

Açúcar	Sugar
Alho	Allium
Amendoim	Eros
Atum	Tuna
Bolo	Massae
Cebola	Cepa
Cenoura	Daucus
Cevada	Hordeum
Damasco	Persicum
Espinafre	Spinach
Leite	Lac
Limão	Lemon
Manjericão	Basilius
Morango	Fragum
Nabo	Rapa
Pepino	Cucumis
Sal	Sal
Salada	Sem
Sopa	Elit
Suco	Sucus

Corpo Humano
Corpus Humanum

Boca	Ore
Cabeça	Caput
Cérebro	Cerebrum
Coração	Cor
Cotovelo	Cubitus
Dedo	Digitus
Joelho	Genu
Mandíbula	Maxilla
Mão	Manu
Nariz	Naribus
Olho	Oculus
Ombro	Humerum
Orelha	Auris
Pele	Cutis
Perna	Crus
Pescoço	Collum
Queixo	Mentum
Sangue	Sanguinem
Testa	Fronte
Tornozelo	Tarso

Criatividade
Glossarium

Artístico	Artis
Clareza	Claritas
Dramático	Tragicus
Emoções	Affectus
Espontânea	Spontanea
Expressão	Expressio
Fluidez	Fluiditatem
Habilidade	Arte
Imagem	Imago
Imaginação	Imaginatio
Impressão	Impressionem
Inspiração	Inspiratio
Intensidade	Intensionem
Intuição	Intuitum
Inventivo	Ingeniosus
Sensação	Sensum
Visões	Visiones
Vitalidade	Vitale

Dança
Chorus

Academia	Academiae
Alegre	Laeta
Arte	Es
Clássico	Classical
Coreografia	Choreography
Corpo	Corpus
Cultura	Cultura
Cultural	Culturae
Emoção	Affectus
Ensaio	Recensendum
Expressivo	Expressivum
Graça	Gratia
Movimento	Motus
Música	Musica
Parceiro	Socium
Postura	Staturam
Ritmo	Numero
Tradicional	Traditum
Visual	Visual

Dias e Meses
Diebus et Mensibus

Abril	Aprilis
Agosto	August
Ano	Anno
Calendário	Calendar
Dezembro	December
Domingo	Dominica
Fevereiro	February
Janeiro	January
Julho	July
Junho	June
Mês	Mense
Novembro	November
Outubro	Aliquam
Quinta-Feira	Jovis
Sábado	Saturday
Segunda-Feira	Monday
Semana	Septimana
Setembro	September
Sexta-Feira	Veneris
Terça	Martis

Diplomacia
Condicionibus

Cidadãos	Cives
Comunidade	Communitas
Conflito	Certamen
Consultor	Auctor
Cooperação	Cooperatio
Diplomático	Diplomaticae
Discussão	Disputationem
Embaixada	Legationem
Embaixador	Legatus
Ética	Ethicorum
Governo	Imperium
Humanitário	Humanitarian
Integridade	Integritate
Justiça	Iustitia
Línguas	Linguis
Política	Politica
Resolução	Resolutio
Segurança	Securitatem
Solução	Solutio
Tratado	Tractatus

Dirigindo
Pulsis

Acidente	Accidens
Carro	Car
Combustível	Esca
Cuidado	Caute
Estrada	Via
Freios	Dumeta
Garagem	Garage
Gás	Vestibulum
Licença	Licentia
Mapa	Map
Motocicleta	Motorcycle
Motor	Motor
Pedestre	Pedestrem
Perigo	Periculum
Polícia	At
Rua	Platea
Segurança	Salutem
Transporte	Nulla
Tráfego	Aenean
Túnel	Cuniculum

Disciplinas Científicas
Scientifica Disciplinis

Anatomia	Anatomia
Arqueologia	Antiquitatis
Astronomia	Astronomia
Biologia	Biology
Bioquímica	Biochemistry
Botânica	Botanicam
Cinesiologia	Kinesiology
Ecologia	Oecologia
Fisiologia	Physiology
Geologia	Nederlandicae
Imunologia	Immunology
Linguística	Grammatica
Mecânica	Mechanica
Meteorologia	Meteorology
Mineralogia	Mineralogy
Neurologia	Neurology
Psicologia	Duis
Química	Chemia
Sociologia	Sociologiae
Zoologia	Zoologicam

Doença
Morbi

Abdominal	Abdominis
Agudo	Acutis
Alergias	Allergies
Contagioso	Contagiosis
Coração	Cor
Corpo	Corpus
Crônica	Inveterata
Fraco	Infirma
Genético	Triticum
Hereditário	Hereditaria
Imunidade	Immunitatem
Inflamação	Inflammatio
Lombar	Lumborum
Neuropatia	Neuropathia
Ossos	Ossa
Patógenos	Pathogens
Respiratório	Respiratorii
Saúde	Salutem
Síndrome	Syndrome
Terapia	Justo

Ecologia
Oecologia

Clima	Caeli
Comunidades	Communitates
Diversidade	Diversitas
Espécies	Species
Flora	Flora
Habitat	Habitat
Marinho	Marine
Montanhas	Montes
Natural	Naturalis
Natureza	Natura
Pântano	Paludem
Plantas	Plantis
Recursos	Opes
Seca	Siccitate
Sobrevivência	Salutem
Sustentável	Nullam
Variedade	Varietate
Vegetação	Virentia
Voluntários	Voluntariis

Edifícios
Aedificia

Apartamento	Duis
Cabine	Cameram
Castelo	Castrum
Celeiro	Horreum
Embaixada	Legationem
Escola	Schola
Estádio	Stadium
Fazenda	Farm
Fábrica	Factory
Garagem	Garage
Hospital	Hospitalis
Hotel	Hotel
Laboratório	Nulla
Museu	Museum
Observatório	Observatorium
Supermercado	Forum
Teatro	Theatrum
Tenda	Tabernaculum
Torre	Turris
Universidade	University

Energia
Vestibulum

Ambiente	Environment
Bateria	Pugna
Calor	Calor
Carbono	Carbo
Combustível	Esca
Diesel	Pellentesque
Elétrico	Ultrices
Elétron	Electron
Entropia	Entropy
Fóton	Photon
Gasolina	Gasoline
Hidrogênio	Consectetuer
Indústria	Industria
Motor	Motor
Nuclear	Nuclear
Poluição	Pollutio
Renovável	Renewable
Sol	Sol
Turbina	Turbine
Vento	Ventus

Engenharia
Lorem Ipsum

Alavancas	Vectium
Ângulo	Angulus
Cálculo	Calculus
Construção	Constructione
Diagrama	Diagram
Diâmetro	Diam
Diesel	Pellentesque
Dimensões	Dimensiones
Distribuição	Distributio
Eixo	Axis
Energia	Vestibulum
Estabilidade	Stabilitatem
Estrutura	Structura
Força	Fortitudo
Líquido	Liquid
Máquina	Apparatus
Medição	Aliquam
Motor	Motor
Profundidade	Profundum
Propulsão	Propellentem

Especiarias
Aromata

Açafrão	Crocus
Alcaçuz	Liquiritiae
Alho	Allium
Amargo	Amara
Anis	Anethum
Azedo	Acidum
Baunilha	Vanilla
Cardamomo	Amomum
Caril	Curry
Cebola	Cepa
Coentro	Coriandri
Doce	Dulcis
Funcho	Faeniculi
Gengibre	Gingiber
Noz-Moscada	Nutmeg
Páprica	Paprika
Pimenta	Piper
Sabor	Saporem
Sal	Sal

Esporte
Sport

Alongamento	Extendens
Atleta	Athleta
Capacidade	Facultatem
Ciclismo	Cycling
Corpo	Corpus
Dançando	Chorum
Dieta	Diet
Esportes	Ludis
Força	Fortitudo
Jogging	Jogging
Maximizar	Maximize
Metabólico	Metabolicae
Músculos	Musculi
Nutrição	Nutritionem
Objetivo	Finis
Ossos	Ossa
Programa	Elit
Resistência	Patientia
Saúde	Salutem
Treinador	Raeda

Ética
Ethicorum

Altruísmo	Altruism
Bondade	Misericordiam
Compaixão	Misericordia
Cooperação	Cooperatio
Dignidade	Dignitatem
Diplomático	Diplomaticae
Filosofia	Philosophia
Honestidade	Honestatis
Humanidade	Humanitatis
Individualismo	Quisque
Integridade	Integritate
Otimismo	Spe
Paciência	Patientia
Razoável	Rationabile
Realismo	Realismus
Respeitoso	Reverentior
Sabedoria	Sapientia
Tolerância	Tolerantia
Valores	Bona

Família
Familia

Antepassado	Ancestor
Avó	Avia
Avô	Avus
Criança	Puer
Crianças	Filii
Esposa	Uxor
Filha	Filia
Infância	Pueritia
Irmã	Soror
Irmão	Frater
Marido	Vir
Materno	Materno
Mãe	Mater
Pai	Pater
Paterno	Paterni
Primo	Cognata
Sobrinha	Neptis
Sobrinho	Nepos
Tia	Matertera
Tio	Patruus

Fazenda #1
Farm #1

Abelha	Apis
Agricultura	Agricultura
Arroz	Rice
Água	Aqua
Bezerro	Vitulum
Burro	Asinus
Cabra	Hircum
Campo	Agro
Cavalo	Equus
Cão	Canis
Cerca	Sepem
Corvo	Corvus
Feno	Hay
Fertilizante	Stercorat
Frango	Pullum
Gato	Felis
Mel	Mel
Rebanho	Gregem
Terra	Terra
Vaca	Bos

Fazenda #2
Farm #2

Agricultor	Agricola
Animais	Animalia
Celeiro	Horreum
Cevada	Hordeum
Cordeiro	Agnus
Fruta	Fructus
Irrigação	Irrigationes
Leite	Lac
Lhama	Llama
Maduro	Matura
Milho	Frumentum
Ovelha	Oves
Pato	Anatis
Pomar	Orchard
Prado	Prati
Trator	Tractor
Trigo	Triticum
Vegetal	Vegetabilis

Férias #2
Vacation #2

Acampamento	Castra
Aeroporto	Elit
Estrangeiro	Aliena
Feriado	Ferias
Fotos	Imagines
Hotel	Hotel
Ilha	Insula
Lazer	Otium
Mapa	Map
Mar	Mare
Montanhas	Montes
Passaporte	Singraphus
Praia	Beach
Restaurante	Amet
Táxi	Taxi
Tenda	Tabernaculum
Transporte	Nulla
Viagem	Iter
Visto	Visa

Ficção Científica
Scientia Ficta

Atómico	Atomicus
Distante	Distant
Distopia	Dystopia
Explosão	Crepitus
Extremo	Extrema
Fantástico	Suspendisse
Fogo	Ignis
Futurista	Futuristic
Galáxia	Galaxia
Ilusão	Illusio
Imaginário	Imaginaria
Misterioso	Arcanum
Mundo	Mundi
Oráculo	Oraculum
Planeta	Planeta
Tecnologia	Nulla
Utopia	Utopia

Filantropia
Benignitas

Comunidade	Communitas
Contatos	Contactus
Crianças	Filii
Doar	Datum
Finança	Finance
Fundos	Pecunia
Generosidade	Liberalitate
Grupos	Coetus
História	Historia
Honestidade	Honestatis
Humanidade	Humanitatis
Juventude	Iuvenis
Missão	Missio
Necessidade	Opus
Objetivos	Metas
Pessoas	Populus
Programas	Progressio
Público	Publica

Física
Physica

Aceleração	Acceleratio
Átomo	Atom
Caos	Chaos
Densidade	Densitas
Elétron	Electron
Fórmula	Formula
Frequência	Frequency
Gás	Vestibulum
Gravidade	Gravitatis
Magnetismo	Magnetismi
Massa	Massa
Mecânica	Mechanica
Molécula	Moleculo
Motor	Engine
Nuclear	Nuclear
Partícula	Particula
Químico	Eget
Relatividade	Comparatione
Universal	Universalis
Velocidade	Velocitas

Flores
Flores

Buquê	Flos
Dente-De-Leão	Taraxacum
Gardênia	Gardenia
Girassol	Helianthus
Hibisco	Hibisco
Jasmim	Aenean
Lavanda	Casia
Lírio	Lilium
Magnólia	Magnolia
Margarida	Daisy
Narciso	Narcissus
Orquídea	Orchid
Papoula	Papaver
Peônia	Aglaophotis
Pétala	Petalorum
Plumeria	Plumeria
Rosa	Rosa
Trevo	Trifolium
Tulipa	Tulipa

Floresta Tropical
Rainforest

Anfíbios	Amphibia
Botânico	Botanica
Clima	Caeli
Comunidade	Communitas
Diversidade	Diversitas
Espécies	Species
Insetos	Insecta
Mamíferos	Nullam
Musgo	Muscus
Natureza	Natura
Nuvens	Nubes
Pássaros	Aves
Refúgio	Refugium
Respeito	Quantum
Restauração	Restitutionem
Selva	Truncatis
Sobrevivência	Salutem
Valioso	Pretiosum

Força e Gravidade
Vim et Gravitatem

Centro	Centrum
Descoberta	Inventio
Dinâmico	Suscipit
Distância	Procul
Eixo	Axis
Expansão	Dilatatio
Física	Physica
Impacto	Ictum
Magnetismo	Magnetismi
Magnitude	Magnitudo
Mecânica	Mechanica
Movimento	Motus
Órbita	Orbita
Peso	Pondus
Planetas	Planetarum
Pressão	Curabitur
Propriedades	Proprietates
Rapidez	Celeritate
Tempo	Tempus
Universal	Universalis

Formas
Figuris

Arco	Arc
Canto	Angulo
Cilindro	Cylindro
Círculo	Circulus
Cone	Coni
Cubo	Cubus
Curva	Curva
Elipse	Ellipsi
Esfera	Sphaera
Lado	Parte
Linha	Linea
Oval	Oval
Pirâmide	Pyramidis
Polígono	Polygonum
Prisma	Prisma
Quadrado	Quadratum
Retângulo	Rectangulum
Triângulo	Triangulum

Frutas
Fructus

Abacate	Avocado
Abacaxi	Pineapple
Amora	Etiam
Baga	Berry
Cereja	Cerasus
Coco	Dolor
Figo	Ficus
Framboesa	Rubus Idaeus
Goiaba	Guava
Kiwi	Kiwi
Laranja	Rhoncus
Limão	Lemon
Maçã	Apple
Mamão	Papaya
Manga	Mango
Melão	Cucumis
Nectarina	Nectarine
Pera	Pirum
Pêssego	Persicum
Uva	Uva

Geografia
Geographia

Altitude	Altitudo
Atlas	Atlas
Cidade	Urbem
Continente	Continens
Hemisfério	Hemisphaerio
Ilha	Insula
Latitude	Latitudo
Mapa	Map
Mar	Mare
Meridiano	Meridianus
Montanha	Montem
Mundo	Mundi
Norte	North
Oceano	Oceanum
Oeste	West
País	Patria
Região	Regione
Rio	Flumen
Sul	Meridiem
Território	Territorio

Geologia
Nederlandicae

Ácido	Acidum
Camada	Accumsan
Caverna	Specus
Cálcio	Calcium
Continente	Continens
Coral	Coral
Cristais	Crystals
Erosão	Exesa
Estalactite	Stalactite
Estalagmites	Stalagmites
Fóssil	Fossile
Lava	Lava
Minerais	Mineralibus
Pedra	Stone
Platô	Plateau
Quartzo	Quartz
Sal	Sal
Terremoto	Terraemotus
Vulcão	Volcano
Zona	Mauris

Geometria
Geometria

Altura	Altitudo
Ângulo	Angulus
Cálculo	Calculus
Círculo	Circulus
Curva	Curva
Diâmetro	Diam
Dimensão	Ratio
Equação	Aequatio
Horizontal	Vestibulum
Lógica	Logica
Massa	Massa
Mediana	Medianus
Paralelo	Parallela
Proporção	Proportio
Segmento	Segmentum
Simetria	Praeditis
Superfície	Superficiem
Teoria	Theoria
Triângulo	Triangulum
Vertical	Verticalis

Governo
Imperium

Cidadania	Ciuitatem
Civil	Civilis
Constituição	Constitutio
Democracia	Democratia
Discurso	Oratio
Discussão	Disputationem
Distrito	Nullam
Estado	Status
Igualdade	Aequalitas
Judicial	Iudicialis
Justiça	Iustitia
Lei	Lex
Liberdade	Libertatem
Líder	Dux
Monumento	Monumentum
Nação	Gens
Pacífico	Pacis
Poder	Potentia
Política	Politica
Símbolo	Signum

Herbalismo
Herbalism

Açafrão	Crocus
Alecrim	Rosmarinus
Alho	Allium
Aromático	Aromaticum
Benéfico	Utile
Coentro	Coriandri
Estragão	Tarragon
Flor	Flos
Funcho	Faeniculi
Ingrediente	Ingrediens
Jardim	Hortus
Lavanda	Casia
Manjericão	Basilius
Manjerona	Origani
Planta	Planta
Qualidade	Qualitas
Sabor	Saporem
Salsa	Petroselinum
Tomilho	Thymum
Verde	Viridis

Insetos
Insecta

Abelha	Apis
Barata	Blattam
Besouro	Beetle
Borboleta	Papilio
Cigarra	Cicada
Cupim	Termite
Formiga	Ant
Gafanhoto	Grillus
Joaninha	Ladybug
Larva	Uterus
Libélula	Dragonfly
Louva-A-Deus	Mantis
Mariposa	Tinea
Minhoca	Vermis
Mosquito	Culex
Pulgão	Aphid
Vespa	Wasp

Instrumentos Musicais
Organis

Bandolim	Mandolin
Banjo	Banjo
Clarinete	Tibiae
Fagote	Bassoon
Flauta	Tibia
Gaita	Harmonica
Gongo	Gong
Harpa	Cithara
Oboé	Sonata
Pandeiro	Tympanum
Percussão	Percussus
Piano	Piano
Saxofone	Saxophone
Trombone	Trombone
Trompete	Tuba
Violino	Vitae
Violoncelo	Cello

Jardim
Hortus

Ancinho	Sarculum
Arbusto	Bush
Árvore	Arbor
Banco	Banco
Cerca	Sepem
Ervas Daninhas	Zizania
Flor	Flos
Garagem	Garage
Grama	Herba
Jardim	Hortus
Lagoa	Eget
Maca	Hammock
Mangueira	Hose
Pá	Rutrum
Pomar	Orchard
Solo	Solo
Terraço	Xystum
Trampolim	Trampoline
Videira	Vitis

Jardinagem
Gardening

Água	Aqua
Botânico	Botanica
Buquê	Flos
Clima	Caeli
Comestível	Edulis
Composto	Stercus
Espécies	Species
Exótico	Exotic
Flor	Florebit
Floral	Floralibus
Folha	Folium
Folhagem	Fronde
Mangueira	Hose
Pomar	Orchard
Recipiente	Continens
Sazonal	Adipiscing
Sementes	Semina
Solo	Solo
Sujeira	Luto
Umidade	Umor

Jazz
Jazz

Artista	Artifex
Álbum	Album
Bateria	Tympana
Canção	Canticum
Composição	Compositio
Compositor	Compositor
Concerto	Concert
Estilo	Style
Famoso	Nobilis
Favoritos	Favorites
Gênero	Genus
Improvisação	Improvisation
Música	Musica
Novo	Novum
Orquestra	Orchestra
Ritmo	Numero
Solo	Solo
Talento	Talentum
Técnica	Ars
Velho	Vetus

Literatura
Litteris

Analogia	Similitudo
Análise	Analysis
Anedota	Fabella
Autor	Auctor
Biografia	Vita
Comparação	Comparatione
Conclusão	Conclusio
Descrição	Description
Diálogo	Dialogus
Estilo	Style
Ficção	Ficta
Metáfora	Metaphora
Opinião	Sententia
Poema	Carmen
Poético	Poetica
Rima	Concordare
Ritmo	Numero
Romance	Nove
Tema	Argumentum
Tragédia	Tragoedia

Livros
Books

Autor	Auctor
Aventura	Casus
Coleção	Collectio
Contexto	Context
Dualidade	Dualitatem
Escrito	Scriptum
História	Fabula
Histórico	Historica
Inventivo	Ingeniosus
Leitor	Lector
Literário	Litterarum
Palavras	Verba
Página	Page
Personagem	Moribus
Poema	Carmen
Poesia	Carmina
Relevante	Pertinet
Romance	Nove
Série	Series
Trágico	Tragici

Mamíferos
Nullam

Baleia	Balena
Camelo	Camelus
Canguru	Macropus
Castor	Castor
Cavalo	Equus
Cão	Canis
Coelho	Lepus
Coiote	Coyote
Elefante	Elephantis
Gato	Felis
Girafa	Panthera
Golfinho	Delphini
Gorila	Orci
Leão	Leo
Lobo	Lupus
Macaco	Simia
Ovelha	Oves
Raposa	Vulpes
Touro	Taurus
Zebra	Zebra

Matemática
Math

Aritmética	Arithmetica
Ângulos	Anguli
Decimal	Decimales
Diâmetro	Diam
Divisão	Divisio
Equação	Aequatio
Esfera	Sphaera
Expoente	Exponent
Fração	Fractio
Geometria	Geometria
Números	Numeri
Paralelo	Parallela
Perímetro	Perimeter
Polígono	Polygonum
Quadrado	Quadratum
Raio	Radius
Retângulo	Rectangulum
Simetria	Praeditis
Soma	Summa
Triângulo	Triangulum

Material de Arte
Artis Commeatibus

Acrílico	Donec
Apagador	Deleo
Aquarelas	Watercolors
Argila	Lutum
Água	Aqua
Cadeira	Cathedra
Carvão	Carbones
Cavalete	Otium
Câmera	Camera
Cola	Gluten
Cores	Colores
Criatividade	Glossarium
Escovas	Perterget
Lápis	Penicilli
Mesa	Mensam
Óleo	Oleum
Papel	Charta
Tinta	Atramentum

Medições
Mensurae

Altura	Altitudo
Byte	Byte
Centímetro	Centimeter
Comprimento	Longitudo
Decimal	Decimales
Grama	Gram
Grau	Gradus
Largura	Latitudo
Litro	Liter
Massa	Massa
Metro	Metri
Minuto	Minutis
Onça	Unciam
Peso	Pondus
Polegada	Inch
Profundidade	Profundum
Quilograma	Kilogram
Quilômetro	Kilometer
Tonelada	Ton

Meditação
Meditatio

Aceitação	Acceptio
Atenção	Operam
Bondade	Misericordiam
Clareza	Claritas
Compaixão	Misericordia
Emoções	Affectus
Ensinamentos	Doctrina
Gratidão	Gratia
Hábitos	Habitus
Mental	Mentis
Mente	Mens
Movimento	Motus
Música	Musica
Natureza	Natura
Observação	Observatione
Paz	Pacem
Pensamentos	Cogitationes
Perspectiva	Prospectum
Postura	Staturam
Silêncio	Silentium

Mitologia
Fabularis

Arquétipo	Archetypum
Céu	Caelum
Ciúmes	Zelus
Comportamento	Moribus
Crenças	Opiniones
Criatura	Creatura
Cultura	Cultura
Desastre	Cladis
Força	Fortitudo
Guerreiro	Bellator
Herói	Heros
Labirinto	Labyrinthus
Lenda	Legend
Mágico	Magicalis
Monstro	Monstrum
Mortal	Mortale
Relâmpago	Fulgur
Triunfante	Triumphantes
Trovão	Tonitrua
Vingança	Vindictam

Música
Musica

Álbum	Album
Balada	Naenia
Cantor	Cantor
Clássico	Classical
Coro	Chorus
Gravação	Recording
Harmonia	Concordia
Harmônico	Harmonia
Improvisar	Vestibulum
Instrumento	Instrumentum
Lírico	Lyrical
Melodia	Cantate
Microfone	Ligula
Musical	Musicum
Músico	Musicus
Ópera	Opera
Poético	Poetica
Ritmo	Numero
Rítmico	Numerosa
Vocal	Vocalis

Natureza
Natura

Abelhas	Apes
Animais	Animalia
Ártico	Arctic
Beleza	Pulchritudo
Deserto	Deserto
Dinâmico	Suscipit
Erosão	Exesa
Floresta	Silva
Folhagem	Fronde
Geleira	Glacier
Montanhas	Montes
Nevoeiro	Caligo
Nuvens	Nubes
Pacífico	Pacis
Rio	Flumen
Santuário	Sanctuarium
Selvagem	Fera
Sereno	Serena
Tropical	Tropical
Vital	Vitalis

Negócios

Negotium

Carreira	Curriculo
Custo	Sumptus
Desconto	Discount
Dinheiro	Pecunia
Economia	Parcus
Empregado	Molestie
Empregador	Dico:
Empresa	Dolor
Escritório	Officium
Fábrica	Factory
Finança	Finance
Impostos	Tributa
Investimento	Dignissim
Loja	Tabernam
Lucro	Lucrum
Mercadoria	Merces
Moeda	Monetæ
Orçamento	Budget
Rendimento	Reditus
Venda	Sale

Nutrição

Nutritionem

Amargo	Amara
Apetite	Appetitus
Calorias	Adipiscing
Carboidratos	Carbohydrates
Comestível	Edulis
Dieta	Diet
Digestão	Concoctionem
Equilibrado	Libratum
Fermentação	Fermentum
Líquidos	Liquores
Molho	Condimentum
Nutriente	Cibus
Peso	Pondus
Proteínas	Servo
Qualidade	Qualitas
Sabor	Saporem
Saudável	Sanus
Saúde	Salutem
Toxina	Toxin
Vitamina	Vitaminum

Números

Numeri

Cinco	Quinque
Decimal	Decimales
Dez	Decem
Dezesseis	Sedecim
Dezessete	Septemdecim
Dezoito	Decem et Octo
Dois	Duo
Doze	Duodecim
Nove	Novem
Oito	Octo
Quatorze	Quattuordecim
Quatro	Quattuor
Quinze	Quindecim
Seis	Sex
Sete	Septem
Treze	Tredecim
Três	Tres
Um	Unum
Vinte	Viginti
Zero	Nulla

Oceano

Oceanum

Atum	Tuna
Baleia	Balena
Barco	Navi
Camarão	Squilla
Caranguejo	Cancer
Coral	Coral
Enguia	Anguilla
Esponja	Spongia
Golfinho	Delphini
Marés	Aestus
Medusa	Jellyfish
Ondas	Fluctus
Ostra	Ostrea
Peixe	Pisces
Polvo	Polypus
Recife	Reef
Sal	Sal
Tartaruga	Turtur
Tempestade	Tempestas
Tubarão	Shark

Paisagens

Donec

Cascata	Cataracta
Caverna	Cave
Colina	Hill
Deserto	Deserto
Geleira	Glacier
Golfo	Sinum
Iceberg	Iceberg
Ilha	Insula
Lago	Lacus
Mar	Mare
Montanha	Montem
Oásis	Oasis
Oceano	Oceanum
Pântano	Palus
Península	Peninsula
Praia	Beach
Rio	Flumen
Tundra	Tundra
Vale	Convallis
Vulcão	Volcano

Países #1

Regionibus #1

Alemanha	Germania
Brasil	Brazil
Camboja	Cambodia
Canadá	Canada
Egito	Aegypto
Equador	Aequatoria
Espanha	Hispania
Finlândia	Finland
Iraque	Iraq
Israel	Israhel
Itália	Italia
Índia	India
Mali	Mali
Marrocos	Mauritania
Nicarágua	Nicaragua
Noruega	Norway
Panamá	Panama
Polônia	Polonia
Senegal	Senegalia
Venezuela	Venetiola

Países #2
Regionibus #2

Albânia	Albania
Dinamarca	Daniae
Etiópia	Aethiopia
França	Gallia
Grécia	Graecia
Haiti	Haitia
Indonésia	Indonesia
Irlanda	Hibernia
Jamaica	Jamaica
Japão	Japan
Laos	Laos
Líbano	Libanus
México	Mexico
Nepal	Nepal
Nigéria	Nigeria
Rússia	Russia
Síria	Syria
Somália	Somalia
Ucrânia	Ucraina
Uganda	Uganda

Pássaros
Aves

Avestruz	Struthionem
Águia	Aquila
Canário	Ga
Cegonha	Ciconia
Cisne	Swan
Corvo	Corvus
Cuco	Cuckoo
Flamingo	Flamingo
Frango	Pullum
Gaivota	Gull
Ganso	Anserem
Garça	Heron
Ovo	Ovum
Papagaio	Psittacus
Pardal	Passer
Pato	Anatis
Pavão	Pavo
Pelicano	Pelican
Pombo	Columbam
Tucano	Toucan

Pesca
Piscandi

Água	Aqua
Barco	Navi
Brânquias	Branchias
Cesta	Canistrum
Cozinhar	Coques
Equipamento	Apparatu
Exagero	Augendo
Fio	Filum
Gancho	Hamo
Isca	Esca
Lago	Lacus
Mandíbula	Maxilla
Oceano	Oceanum
Paciência	Patientia
Peso	Pondus
Praia	Beach
Rio	Flumen
Temporada	Temporum

Plantas
Plantis

Arbusto	Bush
Árvore	Arbor
Baga	Berry
Bambu	Bamboo
Botânica	Botanicam
Cacto	Cactus
Feijão	Bean
Fertilizante	Stercorat
Flor	Flos
Flora	Flora
Floresta	Silva
Folha	Folium
Folhagem	Fronde
Grama	Herba
Hera	Hedera
Jardim	Hortus
Musgo	Muscus
Pétala	Petalorum
Raiz	Radix
Vegetação	Virentia

Profissões #1
Professionibus #1

Advogado	Attornatum
Artista	Artifex
Astrônomo	Astrologus
Banqueiro	Remi
Bombeiro	Firefighter
Caçador	Venator
Cartógrafo	Cartographer
Cientista	Scientist
Dançarino	Saltator
Editor	Editor
Embaixador	Legatus
Encanador	Plumbarius
Enfermeira	Nutrix
Geólogo	Geologist
Joalheiro	Jeweler
Marinheiro	Nauta
Músico	Musicus
Pianista	The
Psicólogo	Psychologist
Veterinário	Veterinarius

Profissões #2
Professionibus #2

Agricultor	Agricola
Astronauta	Astronaut
Biólogo	Biologist
Dentista	Dentist
Detetive	Inquisitor
Editor	Publisher
Engenheiro	Engineer
Filósofo	Philosophus
Fotógrafo	Pretium
Ilustrador	Illustrrator
Inventor	Inventor
Investigador	Inquisitorem
Jardineiro	Hortulanus
Jornalista	Wisi
Linguista	Linguist
Médico	Medicus
Piloto	Gubernator
Pintor	Pictor
Professor	Magister
Zoólogo	Zoologist

Psicologia
Duis

Avaliação	Taxationem
Clínico	Fusce
Cognição	Cognitio
Comportamento	Moribus
Compromisso	Appointment
Conflito	Certamen
Ego	Ego
Emoções	Affectus
Experiências	Experitur
Inconsciente	Conscientiam
Infância	Pueritia
Pensamentos	Cogitationes
Percepção	Perceptio
Problema	Quaestio
Realidade	Re
Sensação	Sensum
Sonhos	Somnia
Subconsciente	Subconscious
Terapia	Justo

Química
Chemia

Alcalino	Alkaline
Ácido	Acidum
Calor	Calor
Carbono	Carbo
Catalisador	Catalyst
Cloro	Consequat
Elementos	Elementa
Elétron	Electron
Enzima	Enzyme
Gás	Vestibulum
Hidrogênio	Consectetuer
Íon	Ion
Líquido	Liquid
Molécula	Moleculo
Nuclear	Nuclear
Orgânico	Organic
Oxigénio	Dolor
Peso	Pondus
Sal	Sal
Temperatura	Tortor

Roupas
Vestimenta

Blusa	Blouse
Calça	Braccae
Camisa	Shirt
Casaco	Coat
Chapéu	Hat
Cinto	Cingulum
Colar	Monile
Jaqueta	Jacket
Lenço	Chlamydem
Luvas	Caestus
Meias	Tibialia
Moda	More
Pijama	Pajamas
Pulseira	Armillam
Saia	Lacinia
Sandálias	Sandalia
Sapato	Nulla Nec
Suéter	Sweater
Vestido	Habitu

Saúde e Bem-Estar #1
Salutem et Sanitatem #1

Altura	Altitudo
Ativo	Activa
Bactérias	Bacteria
Clínica	Eget
Doutor	Medicus
Farmácia	Atqui
Fome	Fames
Fratura	Fractura
Hábito	Habitus
Hormones	Hormones
Medicina	Medicina
Nervos	Nervis
Ossos	Ossa
Pele	Cutis
Postura	Staturam
Reflexo	Reflexum
Relaxamento	Consequat
Terapia	Justo
Tratamento	Curatio
Vírus	Virus

Saúde e Bem-Estar #2
Salutem et Sanitatem #2

Alergia	Urna
Anatomia	Anatomia
Apetite	Appetitus
Caloria	Calorie
Corpo	Corpus
Dieta	Diet
Digestão	Concoctionem
Doença	Morbi
Energia	Vestibulum
Genética	Genetics
Higiene	Hygiene
Hospital	Hospitalis
Humor	Mood
Infecção	Infectio
Massagem	Suspendisse
Peso	Pondus
Recuperação	Recuperatio
Sangue	Sanguinem
Saudável	Sanus
Vitamina	Vitaminum

Tempo
Tempus

Agora	Nunc
Ano	Anno
Antes	Ante
Anual	Annua
Calendário	Calendar
Década	Decennium
Dia	Die
Futuro	Futurum
Hoje	Hodie
Hora	Hora
Manhã	Mane
Meio-Dia	Meridies
Mês	Mense
Minuto	Minutis
Noite	Nocte
Ontem	Heri
Passado	Praeteritum
Relógio	Horologium
Semana	Septimana
Século	Century

Tipos de Cabelo

Genera Capillos

Branco	Albus
Brilhante	Crus
Cachos	Cincinnis
Careca	Calvus
Cinza	Gray
Colori	Coloratum
Curto	Denique
Encaracolado	Crispus
Fino	Tenuis
Grosso	Crassus
Loiro	Flavis
Longo	Diu
Marrom	Brown
Prata	Argentum
Preto	Nigrum
Saudável	Sanus
Seco	Siccum
Suave	Mollis
Trançado	Tortis

Universo

Universi

Asteróide	Asteroidem
Astronomia	Astronomia
Astrônomo	Astrologus
Atmosfera	Aeris
Celestial	Caelestis
Céu	Caelum
Cósmico	Cosmicam
Galáxia	Galaxia
Hemisfério	Hemisphaerio
Horizonte	Horizon
Latitude	Latitudo
Longitude	Longitudinis
Lua	Luna
Órbita	Orbita
Solar	Solaris
Solstício	Aequinoctium
Telescópio	Telescopium
Trevas	Tenebrae
Visível	Apparet
Zodíaco	Zodiac

Vegetais

Legumina

Abóbora	Cucurbita
Aipo	Apium
Alcachofra	Cactus
Alga	Alga
Alho	Allium
Beringela	Eggplant
Brócolis	Algentem
Cebola	Cepa
Cenoura	Daucus
Chalota	Shallot
Cogumelo	Fungorum
Couve-Flor	Brassica
Ervilha	Pisum
Espinafre	Spinach
Gengibre	Gingiber
Nabo	Rapa
Pepino	Cucumis
Rabanete	Radicula
Salada	Sem
Salsa	Petroselinum

Xadrez

Latrunculorum

Aprender	Discere
Branco	Albus
Campeão	Fortissimus
Concurso	Certamen
Diagonal	Diameter
Estratégia	Consilio
Jogador	Ludio Ludius
Jogo	Ludum
Oponente	Adversarius
Passivo	Passiva
Pontos	Puncta
Preto	Nigrum
Rainha	Regina
Regras	Praecepta
Rei	Rex
Sacrifício	Sacrificium
Tempo	Tempus
Torneio	Torneamentum

Parabéns

Conseguiu!

Esperamos que tenha gostado tanto deste livro como nós gostamos de o desenhar. Esforçamo-nos por criar livros da mais alta qualidade possível.
Esta edição foi concebida para proporcionar uma aprendizagem inteligente, de qualidade e divertida!

Gostou deste livro?

Um simples pedido

Estes livros existem graças às críticas que publica.
Pode ajudar-nos, deixando agora uma revisão?

Aqui está um pequeno link para
a sua página de revisão:

BestBooksActivity.com/Avaliacoes50

DESAFIO FINAL!

Desafio n° 1

Está pronto para o seu jogo grátis? Usamo-los a toda a hora, mas não são tão fáceis de encontrar - aqui estão os Sinônimos!
Escreva 5 palavras que encontrou nos puzzles (n° 21, n° 36, n° 76) e tente encontrar 2 sinónimos para cada palavra.

*Escreva 5 palavras de **Puzzle 21***

Palavras	Sinônimo 1	Sinônimo 2

*Escreva 5 palavras de **Puzzle 36***

Palavras	Sinônimo 1	Sinônimo 2

*Escreva 5 palavras de **Puzzle 76***

Palavras	Sinônimo 1	Sinônimo 2

Desafio n° 2

Agora que já aqueceu, escreva 5 palavras que encontrou nos Puzzles (n° 9, n° 17 e n° 25) e tente encontrar 2 antônimos para cada palavra. Quantos se podem encontrar em 20 minutos?

Escreva 5 palavras de ***Puzzle 9***

Palavras	Antônimo 1	Antônimo 2

Escreva 5 palavras de ***Puzzle 17***

Palavras	Antônimo 1	Antônimo 2

Escreva 5 palavras de ***Puzzle 25***

Palavras	Antônimo 1	Antônimo 2

Desafio n° 3

Óptimo! Este desafio final 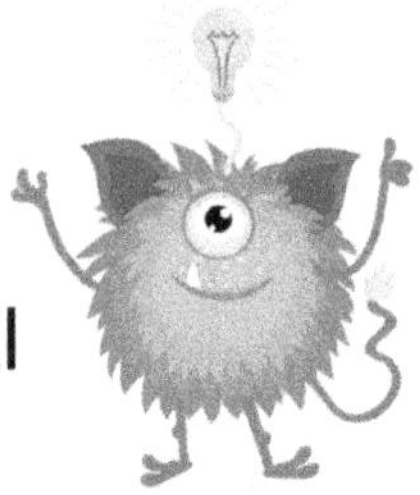 não é nada para si.

Pronto para o desafio final? Escolha 10 palavras que tenha descoberto nos diferentes puzzles e escreva-as abaixo.

1.	6.
2.	7.
3.	8.
4.	9.
5.	10.

Agora escreva um texto a pensar numa pessoa, num animal ou num lugar de seu agrado.

Pode utilizar a última página deste livro como um rascunho.

A Sua Composição:

CADERNO DE NOTAS:

ATÉ BREVE!

A equipa Inteira

www.ingramcontent.com/pod-product-compliance
Lightning Source LLC
Chambersburg PA
CBHW082216120626
46553CB00010B/3175
9798896704188